U0627578

中国国家历史

指导专家：（按姓氏笔画排序）

卜宪群　王斯德　王翔宇　田慧生　张　诚
陈　洛　陈　理　陈谦平　徐　坚　曹志祥

主　　编：刘　军

本册主编：陈国兵

编 委 会：（按姓氏笔画排序）

马世力　王子今　任鹏杰　张　进　李少兵　李月琴　李继锋
陈仲丹　陈红民　陈晓律　沈海涛　周巩固　柳文全　胡阿祥
祝宏俊　赵亚夫　梅雪芹　廖晓晴

CNH 拾贰

中国国家历史
CHINESE NATIONAL HISTORY

◎主编 刘军

何以巴黎
——一座现代都市的诞生

中国共产党空军里的外国人

五千余年文明史，七百多万香港人

血溅佛堂：施剑翘刺杀孙传芳的案中案

人民东方出版传媒
东方出版社

图书在版编目（CIP）数据

中国国家历史 . 拾贰 / 刘军主编 . —北京：东方出版社，2018.1
ISBN 978-7-5207-0122-8

Ⅰ . ①中… Ⅱ . ①刘… Ⅲ . ①中国历史 Ⅳ . ① K2

中国版本图书馆 CIP 数据核字 (2018) 第 011902 号

策　　划：南京师范大学
　　　　　红色历程南京图书有限公司

学术总监：李宏图	**艺术总监：**姚　红	**策划编辑：**李　斌
组稿统筹：理　源	**责任编辑：**黄　益　史常余	**执行主编：**吴晓棠　孙　洁
封面设计：吴　捷	**版式设计：**朱万能	**美术编辑：**留　卡
印章刻制：时忠德	**特约编辑：**王　茜	

中国国家历史（拾贰）
ZHONGGUO GUOJIA LISHI（SHIER）

主　　编：刘　军
出版发行：东方出版社
地　　址：北京市东城区东四十条 113 号
邮　　编：100007
经　　销：新华书店
印　　刷：南京新世纪联盟印务有限公司
版　　次：2018 年 1 月第 1 版
印　　次：2018 年 1 月北京第 1 次印刷
开　　本：787 毫米 ×1092 毫米　1/16
字　　数：160 千字
印　　张：13
书　　号：ISBN 978-7-5207-0122-8
定　　价：42.00 元

未经许可，不得以任何方式复制或抄袭本书之部分或全部内容。**版权所有，侵权必究。**
本书图片使用量较大，个别图片无法联系到版权所有者，请与编辑部联系。
编辑部电话：(025) 83200848　(010) 85656068
印刷厂电话：(025) 84546219　如有质量问题，请与印刷厂联系调换。

目录 | CONTENTS

国家记忆·一座城，一段史

从拓荒者广场到"绿宝石城"——西雅图的历史印记 / 董雅娜 002

第一场现代性的灾难——1755年里斯本大地震及其重建 / 王菲 020

伦敦大火——一座城市的毁灭与新生 / 武权 036

何以巴黎——一座现代都市的诞生 / 荆文翰 055

建军九十周年

南昌起义为何能成功打响第一枪？/ 刘小花 072

中国共产党空军里的外国人 / 杨晓越 090

历史探索

被钉在十字架上的四百年——从《为奴十二年》看种族歧视 / 汤怡枫 104

北海彼岸的"大宪章"：丹麦的实践 / 汪枫 116

雄哉，钓鱼城！/ 刘克明 126

专题叙事

血溅佛堂：施剑翘刺杀孙传芳的案中案 / 金满楼 144

专家视野

十月革命与苏俄式现代化道路——肖瑜专访 164

五千余年文明史，七百多万香港人 / 胡阿祥 李昕垚 180

国家记忆 · 一座城，一段史

从拓荒者广场到"绿宝石城"
——西雅图的历史印记

文｜南京大学　董雅娜

在美国西部，有一座以"夜未眠"而闻名的城市。这座城市因何"令人难眠"？或许是因为当人们使用微软 Windows 系统时，那个错误代码的蓝屏太刺眼；或许是因为人们乘坐波音飞机时，觉得其动力过于强劲；又或许是因为星巴克的咖啡太美味、太提神；又或许是因为亚马逊的网购商品太让人着迷，以至睡意全无。这些在我们今天日常生活中的常见产品，都与这座城市密切相关，它就是西雅图。

图 1-1　西雅图的标志性建筑——太空针塔

西雅图位于美国西北部埃利奥特湾（又称比吉特湾）和华盛顿湖之间的狭长地带上，是一个拥有清澈湖泊、壮丽山脉、多样文化和许多标志性建筑的城市，一个空气中都飘荡着咖啡香气的城市，一个多次被评为"全美最佳居住地"的城市。站在太空针塔上鸟瞰全城，这里的人们在绵绵细雨中安静思考；在温暖湿润的环境下细品咖啡；在阿尔基海滩上悠闲散步，眺望落日隐入群山。

源自拓荒者广场的西雅图只有短短不到 150 年的历史，但它的兴起却折射着美国历史的发展。

这是一座不可思议的城市。它曾被称为"女王之城"❶，但现在人们更乐于称呼它为"咖啡之都""飞机之城""网购中心""视窗之城"……像这样能够汇

❶ 女王之城：从 1869 年开始，西雅图的别称是"女王之城"。1981 年，西雅图正式选举一个新的别称。1982 年，西雅图官方公布的别称是"绿宝石城"，它描绘着西雅图周围多雨造成的丰茂景色。

图 1-2　1909 年的拓荒者广场

聚星巴克、波音、亚马逊和微软四大公司总部于一身的城市，不能说世所罕有，但至少魅力独特。

1851年，伴随着西进运动，最早的白人移民从纽约来到这里。西雅图以一位印第安人酋长的名字为名出现在美国历史中，18年后发展成为一座城市。在经历了1889年的大火，中心商业区被毁后，坚强的西雅图人迅速用信心和汗水，借着"淘金热"的东风，重建了令人着迷的"翡翠之城"。第二次世界大战后，伴随美国科技的迅速发展，微软等众多科技公司在西雅图成立，加上之前星巴克的诞生，西雅图成为引领美国方式甚至世界方式的新的"绿宝石城"。

印第安人与"血泪西雅图"

自远古时期就居住在北美地区的印第安人是西雅图的原住民，不过他们生活在西雅图的历史并没有被记录在美国通史里。

印第安人生活时的西雅图是粗犷的，这里有古老的冰川、活跃的火山和终年积雪的山峰。这样的地方在美国甚至全世界都找不到第二处。山峦、平地都被密密的、几近原始的森林覆盖着。树木高大、植被茂盛，即使是在冬季，也有高耸的松塔、低矮的柏树和冬青。甚至绵绵的雨和轻掠过的风，都带着青绿的颜色。而在青山之中，又错落地隐藏着无数大小不等的湖泊。

图1-3　印第安人像

在这种"鹰击长空，鱼翔浅底，万类霜天竞自由"的自然环境中，印第安人的生活也是自由的。在欧洲白人还没有踏上美洲之前，美洲广袤的大地就赐予了人们赖以生存的一切。那时，印第安人过着淳朴而自然的生活，他们采摘野果，收割植物，下河捕鱼，上山打猎。戴尔·范·埃夫里在《天赋人权被剥夺：美国印第安人》一书中写道："印第安人对于周围每一件事物的自然特性都有着不同寻常的感受能力。……他从来没有领悟到正在确立的私有制原则比自由自在地拥有天空更合理。但是他比其他业主更加深情地热爱这片土地。……大地就是他的家乡，是先祖遗骨的安放之地，是天生的宗教圣地，圣洁无比。"

印第安人崇尚自由，因而相信世间万物都是应该自由的，每一

图1-4 西雅图雷尼尔山国家公园的景色

个人都可以自在地获得自然界的赐予，但不可以据为己有。

随着西方殖民者的到来，这一切都改变了。华盛顿地区早在 18 世纪末就被航海探险家发现了，第一个来到西雅图的欧洲人是乔治·温哥华❶，1792 年 5 月，这位船长花了四年时间穿过西北太平洋，来到这片土地，他探索了几乎整个西北地区，包括西雅图。但温哥华只进行了航海探索，未能在此定居。最早定居西雅图的白人移民出现在 1851 年：纽约人查尔斯·特瑞在杜瓦米什河口登陆，他给落脚的地方也取名为纽约，他是西雅图最早的白人移民者、定居者。

西雅图真正开始拓荒建设始于 1851 年 11 月 13 日。这天，一群被称为"丹尼党"❷的美洲探险者，从伊利诺斯花了半年多的时间来到阿尔基角，在今天被称作"拓荒者广场"的地方登陆扎营。他们发现此地的木材和水资源相当丰富，便决定定居下来。1852 年 2 月，丹尼、卡森·伯伦和威廉·贝尔经过仔细

❶ 乔治·温哥华（1757—1798）：英国皇家海军军官，以其对北美太平洋海岸的勘测活动而出名

❷ 丹尼党：由亚基·丹尼领导的美洲探险团队，因其领导者而得名

图 1-5　乔治·温哥华雕像

考察海港，测量土地，观察周围的林业资源，决定在此建立一个城镇。4月，他们将居民点转移到依利雅特湾，并向美国政府申购了这里的土地。

白人到达这里后，当地的印第安人酋长希尔斯曾给予他们保护。由于早年受法国传教士的影响，希尔斯酋长信仰天主教，对当时入侵该地的白人殖民者特别友好。在他的率领下，大部分索瓜米西族印第安人对白人采取了友好态度。然而，在18世纪末到20世纪初美国西进运动过程中，大批印第安人却遭到了屠杀。为了给白人腾出更多的土地，美国政府采取了强迫迁移的方法，印第安人不断被赶往贫瘠的保留地。"几乎每一批向西挺进的人流，都踩着印第安人的白骨和血迹行进。"在联邦部队的驱赶下，奉命迁居的印第安部落，一路风餐露宿，饥寒交迫，许多印第安人经不起劳累，死在途中。从森林、草原、沃土被流放到西部荒漠，印第安人被迫迁徙之路就是他们的"血泪之路"，而印第安人的保留地一旦被发现有矿藏或其他利用价值，他们又会被赶往更穷的地方。美国白人向西部迁移给印第安人带去的几乎是灭族的灾难。西雅图地区的印第安人也不例外。

1851年，美国政府宣称要以15万美元的价格，购买西雅图地区200万英亩的土地。印第安索瓜米西族酋长希尔

图1-6　希尔斯酋长像

斯明白，作为过着原始生活、持着简陋工具的"红人"族群，不可能抵挡住拥有枪炮的白人。悲愤交集的酋长发表了著名演说——《西雅图宣言》。宣言中说：

我们红人，视大地每一方土地为圣洁。……树液的芳香在林中穿越，也渗透了红人亘古以来的记忆。……我们会考虑你的条件，但这买卖不那么容易……我们确知一事，大地并不属于人；人，属于大地，万物相互效力。也许，你我都是兄弟。等着看，也许，有一天白人会发现：他们所信的上帝，与我们所信的神，是同一位神。……上帝视大地为至宝，伤害大地就是亵渎大地的创造者。

希尔斯的演说表达了印第安人内心的痛苦和无奈，批评了白人的

图 1-7　美国国会图书馆所藏 1891 年西雅图的鸟瞰图

趁火打劫，贪得无厌；斥责了现代文明对原始生态的破坏，任由片片绿色大地成为荒漠。

印第安人饱含深情的演说未能阻止白人的"西进"。1855年，印第安酋长与白人签订了《埃利奥特港条约》，出让印第安人土地并迁往印第安人保留地。1855年至1858年，部分印第安人发动起义，遭到白人枪炮的镇压。为纪念这位主动让出土地并且忠于白人的印第安酋长，白人将新建的这座城市以他的名字——希尔斯（Sealth）来命名。只是在时间的长河中，人们口耳误传，最终成为了西雅图（Seattle）。现在，希尔斯酋长的诞生地蒂利克村还保存着当年的风貌，成为西雅图独特的景点。

"地下城""淘金热"与"新发展"

1851年白人移民到西雅图后，其自然景观开始大幅变化，许多原始森林遭到砍伐，新型城市被建立起来。目前所见西雅图市的第一幅地图是1853年5月23日绘制的，这说明西雅图的城市化进程极为迅速。

西雅图第一次经济崛起得益于木材产业，西雅图也成为美国的伐木中心。西雅图的伐木业开始得很早。早在1832年杰克逊任总统时，政府就允许农民占有土地，即可以用最低售价购买土地。1852年以后，丹尼在向美国政府申购这块土地成功后，带领所有人迅速开发这片土地。

图1-8　1905年，西雅图的一个伐木工人和两个女人在一棵巨树前合影

丹尼创建过房地产公司，开过砖厂，办过银行，他还鼓励西雅图人兴办木材加工等实业，许多高100多米、有1000多年树龄的树木被加工成木材。西雅图有优良的海湾和得天独厚的地理位置，便于木材的运输，所以好多木材商都在西雅图的海湾生产、加工、交易木材产品，再将其外运到旧金山出售。

　　19世纪末，西雅图的木材生意已初具规模，生意兴隆，商业发达。不幸的是，如今世界上很难再找到这么高、这么老的树了。依托木材生意，西雅图这个小镇从1865年到1867年逐渐发展壮大，1869年正式发展成为一座城市。

图1-9　西雅图老城区的地下通道：一面是曾经的店铺门面，另一面是高筑的公路墙，顶上是人行道

　　由于盛产木材，西雅图的大部分房屋都是用木料建造的。1889年6月6日，西雅图一位油漆匠的胶锅着火，由此引发的大火将西雅图夷为平地。火势延续了12个小时，西雅图44条街的廉价建筑、木质房屋被毁。有人说这场大火实为塞翁失马，在无人丧生的情况下，它把当时西雅图腐败的官僚作风和愚蠢糟糕的都市规划一并火葬了。大火熄灭后，街上一片荒芜，但城市危机让大众团结了起来。火灾后的第一个城市会议是在大街上举行的。为了避免火灾再次发生，城市再次遭受重大损失，会议决定新建筑一律使用砖石结构。大火之前，城市建在一片非常潮湿的海滩上，经常出现海水

倒灌的问题，火灾以后人们决定要让西雅图摆脱满地的淤泥。于是在重建的过程中，所有的街道都比原来的地面高出了3米至11米。

在当时的市中心也即现在的拓荒者广场，其建筑大多是在火灾后三年内建成的。市政府拟定了填高办法，在街道两边筑起梯形截面，在其间铺设了新的上下水管道，填上泥土，新路面终于建成，西雅图涅槃重生。新路面下面的老旧房屋和人行道依然保留着，上层的人行道制作成透明的天窗，为下面的人行道照明，在时光的打磨下形成了一座完整的、供游客参观的地下城。

1893年，横贯美国大陆的铁路延伸到该国西北部，西雅图成为大北方铁路的重要终端，给横贯太平洋的航运带来了极大的便利。由西进运动引发的第三次大规模人口迁移也在此时来临，西雅图迎来新的移民潮和实业潮。

1896年和1897年，人们在美国阿拉斯加州和加拿大克朗代克河流域发现黄金，由此形成一股淘金热。阿拉斯加的淘金者们绝大多数是穷苦的劳动人民，他们为生活所迫，受到黄金的引诱，来到北方的荒野。然而，大多数人的"黄金梦"被孤单、寒冷、无助与死亡湮没。美国著名的现实主义作家杰克·伦敦也曾在阿拉斯加淘金。他连续16个月始终没有淘到黄金，却因为缺乏绿色食物而得了坏血病，不得不回到家乡。阿拉斯加之行所亲身经历和目睹到的苦难成为他创作"北方的故事"的主要素材，那一篇篇感人至深、催

图1-10　杰克·伦敦像

人泪下的小说向我们展示了一幅幅阿拉斯加的拓荒画面。

杰克·伦敦在《寂静的雪野》一文中写道："的确，在让人心碎的劳动中，开路是最艰苦的了。你走一步，那种大网球拍似的雪鞋就会陷下去，直到雪平了你的膝盖。……你必须把雪鞋提得离开雪面，再向前踏下去，然后把你的另一条腿笔直地提起半码多高。"

《热爱生命》是杰克·伦敦最著名的一篇小说。作品写了一个淘金者在寒冷、令人恐惧的旷野中顽强求生的故事：两个饥饿、疲乏、衰弱的淘金者艰难地行走在茫茫的北方旷野上，"他"扭伤了脚，同伴比尔却头也不回地径直走了，只剩下"他"孤零零的一个人。"他把周围那一圈世界重新扫视了一遍。这是一片看了叫人发愁的景象，到处都是模糊的天际线，小山全是那么低低的。没有树，没有灌木，没有草——什么都没有，只有一片辽阔的荒野，使人感到恐惧。"在"他"生命垂危之际，一只病狼一直跟踪着"他"。最后，病狼扑过来咬"他"手的时候，"他"从昏迷中醒过来扼死了狼，取得了求生搏斗的胜利。这篇小说是一首人类生命的赞歌，是一首淘金者顽强忍受苦难的赞歌。

淘金热让阿拉斯加由蛮荒走向文明，在这个过程中，人们用生命和鲜血换来了城市的繁华。有"阿拉斯加门户"之称的西雅图作为美国大陆通往阿拉斯加的必经之路，成为阿拉斯加和育空河❶之间的中转站，

❶ 育空河：北美洲主要河流之一，流经加拿大的育空地区中部和美国阿拉斯加中部

图 1-11　阿拉斯加的淘金者

为淘金者提供了各种给养，在淘金热中发挥了非常重要的作用。现在我们仍然能从克朗代克河淘金热国家历史公园中，感受到西雅图在那个疯狂年代的地位。掀起淘金热的人们多经此地往返，西雅图从淘金者的身上淘到了不少金子，这些金子促进了西雅图的迅速发展。

在新老大国交相演出的 20 世纪，美国率先站在了时代前沿。20 世纪初，西雅图人口已逾数万。1909 年在西雅图举办的"阿拉斯加—育空—太平洋博览会"中，展出了一条印有当时博览会场景和人物造型的丝绸纪念品，还有象征清朝政府的龙纹旌旗等，体现了西雅图作为连接美国与东方的重要窗口这一重要地位。1913 年，美国政府主导的巴拿马运河正式凿通。1914 年，随着一声爆炸，两大水域之间的最后屏障土崩瓦解，大西洋和太平洋在此联为一体。巴拿马运河的通航让造船业为西雅图带来了繁荣。1914 年，位于拓荒者广场的史密斯塔竣工，这座共 148 米高的 38 层塔楼是西雅图市最古老的摩天大楼，

图1-12　阿拉斯加—育空—太平洋博览会

① 威廉·波音(1881—1956)：波音公司（全名美国波音航天航空公司）创始人。1909年，在西雅图举办的"阿拉斯加—育空—太平洋博览会"上，威廉·波音第一次见到了有人驾驶飞行器，从此他开始对飞行产生了浓厚的兴趣

成为20世纪西雅图的地标建筑。1916年，木材商的儿子威廉·波音①在西雅图郊区开设了一个名为"波音"的木头飞机工厂，利用这里廉价的木材制造飞机。令人意想不到的是，在第二次世界大战期间及战后的90年间，这个木制飞机厂迅速发展，成为世界上最大的民用和军用飞机的生产基地。

就在辉煌的同时，美国经济却遭遇了前所未有的重大危机。19世纪末，各个行业纷纷出现富可敌国的垄断财团，国家财富的60%掌握在占美国人口2%的富

图 1-13 1919 年的西雅图工人罢工

人手中。贫富差距激化了社会矛盾，西雅图成为罢工的重镇。1919 年 11 月，美国历史上第一次工人总罢工发生在西雅图，10 万工人走上街头，整个城市陷入了瘫痪。受到军警镇压，大批罢工的人遭到杀害，第一次工人运动在血腥中被镇压。这既是西雅图工业繁荣的表现，更是美国社会严重两极分化的代言。

"波音中心""软件之核"和"新式潮流"

第二次世界大战促成了波音公司的腾飞，改变了西雅图的经济结构，为西雅图最终由渔港城镇走向军工大都市迈出了关键性的一步。第二次世界大战后，以美国为中心，以原子能、电子计算机、空间技术和生物工程的发明和应用为主要标志的第三次科技革命，极大地推动了人类社会经济、政治、文化领域的变革。人类的衣、食、住、行、用等日常生活的各个方面发生了重大的变革，西雅图正式成为美国文化、美国方式、美国影响的代表。

第二次世界大战以后，受益于商业航空工业的发展，西雅图的经济不断兴旺。20 世纪 60 年代后期，波音公司把研制军用飞机的技术用于制造大型喷气式民航客机，成为西方最大的喷气式民航飞机制造公司。波音对人们的吸引力同它制造的飞机质量有关。虽然 2001 年波音总部搬到了芝加哥，但是波音 787 生产线还是留在了大西雅图地区。这座城市的脉搏跳动，已与波音公司息息相关。

1971 年，杰拉德·鲍德温和戈登·波克在西雅图开了第一家叫作星巴克的咖啡店。从此以后，那个象征着原始与现代相结合的美人鱼标志遍布世界各地。位于派克市场的第一家店，至今保留着从开张以来店内的所有装饰和陈设。

1975 年，比尔·盖茨和保罗·阿伦在这里成立的微软公司让西雅图成为新经济时代的都市表率。在此后的 40 年里，微软公司开发的各种软件实现并引领着人们的想象。我们的生活实现了比尔·盖茨当年的预言："相信每家都会有一部计算机。"

西雅图也经历了美国 20 世纪 60 年代的衰退，20 世纪 60 年代末和 20 世纪 70 年代初航空的萧条迫使许多人离开了西雅图。当地的两

图 1-14 位于西雅图的星巴克总部（左）和星巴克第一家店（右）

个地产商贴出了一幅标语:"麻烦最后离开西雅图的人,把灯关掉。"虽然有人认为这座城市将不断缩小,但西雅图又一次成功地恢复、崛起。1995 年,亚马逊公司在西雅图成立,它是美国最大的网络电子商务公司,也是最早开始经营电子商务的公司之一。从丹尼团队踏足这片土地伊始到亚马逊在此"扎寨",西雅图享有令人羡慕的好运,新形式的网络公司给予了这个城市不可估量的财富。如今西雅图的经济已经实现了多样化,造船、运输、通信、软件、木材、教育业都很发达。西雅图作为美国西北部重要的铁路、公路和航空枢纽,一年要运送旅客 900 多万人;作为一大港口,西雅图素来是美国对远东的主要进出口中心。

这座含蓄内敛却又肆意灿烂的"翡翠之城",偏安于美国西北角,用最强大的能量、最独特的魅力让不同的文化在一座城市里发展演变,悄悄引领、温柔注视着时代的变迁,仿佛此间,便是天堂。

结语

咖啡、美景、音乐、科技,经历从地下到地上的恢宏穿越,西雅图人保持着浪漫悠闲的姿态,却总在不断进取创新。

作为美国西北沿海地区最大的城市,凭借着靠近亚太的位置优势,西雅图很早就成为美国对外贸易的桥头堡。以中国为例,在美国所有的城市当中,西雅图对中国的贸易出口额最高。近年来,咖啡、三文鱼和葡萄酒等农产品的对华出口贸易额也在迅速增长。对外贸易的增长为西雅图的经济发展奠定了基础,更激发了西雅图人与生俱来的开拓精神和创新基因。

除了位置优势,西雅图还因环境优美被《货币》杂志评为"全美最佳居住地",被《财富》杂志评为"最佳生活工作城市"。当有人问

❶ 湾区：世界重要的滨海经济带的简称，是世界一流滨海城市的显著标志，湾区经济是当今国际经济版图的突出亮点。美国一流湾区有纽约湾区、旧金山湾区等。

盖茨为什么把公司地址选在西雅图而不是湾区❶时，盖茨说在这样环境优美、风景怡人的地方工作，员工会把公司当成家。西雅图被全美公认为是生活质量最高的城市，也是众多公司的创建之地。加之西雅图房价便宜，既能减少公司的成本，还为众多公司吸引了大量投资。

除了众多知名企业的总部在此驻扎，很多大公司也在西雅图设立有科研中心或办公室。在 Google 的带领下，Facebook、Apple、Twitter、eBay、Yahoo 等公司纷纷入驻西雅图。这些公司周围的大学也源源不断地为西雅图的高科技就业市场注入新鲜血液。

这里适宜的居住环境、最为领先的科学技术、蕴藏未来先进科技的高品质学校、充满活力的多元化经

图 1-15　位于西雅图的微软公司总部

济，让西雅图成为美国就业机会最多、人员素质最高的地区之一，西雅图繁荣的经济正吸引着越来越多的名企和高科技人才在此聚集，为西雅图注入源源不断的活力。

蒙蒙细雨中，漫步在西雅图的街道，中心音乐体育馆炫酷的流体设计，引无数人为之着迷；中央图书馆超大的凹斜采光玻璃顶棚，巧夺天工。无论是在过道还是在电梯旁，即使是陌生人，如果目光相遇，都能收获一个温暖的微笑。走累了，你可以点上一杯咖啡，坐在壁炉前，翻看杂志，听淅沥的雨声，远离喧嚣，体味清静。

纵观西雅图的百年历史，从早期饱含印第安人血泪的初建，到经历绝望大火后的涅槃重生，再到第二次世界大战后美国科技迅速发展，新生活方式引领潮流，西雅图的城市史浓缩并映射了美国发展的历史。西雅图以鲜明的个性、不盲从潮流的倔强留在了每个人的心中。

读懂了这些，你或许已经读懂了西雅图，它是一座爱与历史不眠的城市。

第一场现代性的灾难

——1755 年里斯本大地震及其重建

文｜南开大学　王菲

18 世纪的葡萄牙已失去欧洲霸主的地位，但它凭借其广阔的殖民地和繁荣的港口贸易仍然是欧洲最繁华富庶的国家之一。当时，葡萄牙不仅独占着南美洲的巴西，而且在非洲和远东也占有大片的殖民地。葡萄牙的首都里斯本，在1755 年地震前以其世界性的航海贸易、殷实的财富和虔诚的宗教信仰著称于世，是与伦敦和阿姆斯特丹齐名的大都市，也是当时欧洲最大的城市之一。该城西部是贵族住宅区，东部小山顶是皇家宅邸区，北部有埃斯塔图斯宫

图 2-1　《利比拉宫和里斯本社会》　德克·斯图普绘

殿，中部是繁华的商业区，人口高达 27.5 万。

地震前的里斯本

葡萄牙作为崛起于大航海时代的强国之一，其首都里斯本在一定程度上可以看作该国所取得辉煌成就的缩影。里斯本位于伊比利亚半岛的特茹河河口，濒临大西洋，受大西洋暖流影响，夏不炎热，冬不结冰。优越的地理位置和适宜的气候状况为里斯本发展海外贸易提供了得天独厚的条件。各国航海商船纷纷选择将此地作为到达欧洲大陆的主要落脚点，久而久之，里斯本逐渐变成当时欧洲最为繁忙的港口城市之一。

除了拥有得天独厚的地理优势之外，葡萄牙人的海外扩张也为国家的发展提供了丰厚的物质补充。葡萄牙航海家佩德罗·卡布拉尔于1500 年抵达巴西，他将这片土地命名为 "圣十字架地"，并宣布其归葡萄牙所有。在占领了巴西这个地大物博的国家后，巴西的糖、烟草、皮革、白银和奴隶贸易便成了葡萄牙帝国的生命线。1697 年在巴西发现黄金后，葡萄牙帝国迎来了黄金时代。18 世纪中期，巴西的黄金产量达到高峰值，葡萄牙每年从巴西掠走 17000 千克黄金，使葡萄牙国王一跃成为欧洲最富有的君主，也使欧洲各地的商人和投机家为寻求财富聚集到里斯本。大约在 1440 年，历史学家费尔南·罗佩斯在谈到里斯本 14 世纪的繁荣景象时说，在里斯本港口通常有 400 艘至 500 艘货船停泊在那里，阿尔马达的船只由于找不到泊位不得不驶向桑多斯港，由此可见里斯本当时港口贸易之兴盛。在航海时代的全盛时期，葡萄牙不仅在亚、非、美洲拥有大量的殖民地，而且在经济、政治和文化发展上也远远超过欧洲其他国家，成为首个海上强国。

里斯本是南北美洲等 "新大陆"、新殖民地财富转往欧洲的枢纽。但里斯本的财富并不全属葡萄牙，事实上，多数财富属于那些海外商

图 2-2 15世纪末的一幅图画中停满船舶的里斯本港口

人，因为在里斯本做生意赚钱的航海商人大部分是外国人。其中英国商人最多，其次是德国商人和荷兰商人，他们的经营能力和经济实力都远超葡萄牙人。

里斯本是个国际都市，街道上到处是外国人的商店，其中包括热那亚人的、皮亚琴察人的、伦巴底人的、卡塔卢尼亚人的、马伊奥尔加人的、米兰人的、科西嘉人的、比斯开人的等。在特茹河岸处处可见来自英国、荷兰和德意志地区的商船，他们的货物塞满了海关以及岸边的仓库。来自巴西、亚洲与非洲的无数珍宝与享乐奢侈品满满地堆放在这些仓库里。人们可以在里斯本定期举行的公开销售与展览时

间内观赏这些价值不菲的
物品，而吸引人们眼球的
往往是那些奢侈品，而不是
销售量远远超过它们的盐
或硝石。

地震前的里斯本处处展
现着对基督教的虔诚。710年，
葡萄牙被伊斯兰教徒攻陷并
占领，直到1147年罗马教
皇派遣基督教圣战者进行
第二次东征之时才得以解
放。葡萄牙国王阿方索一世

图 2-3　热罗尼姆斯教堂

感恩于此，遂决定在原来的大清真寺上建造里斯本最大的教堂，其后
更是大力推崇基督教。至 1755 年，里斯本已有 40 所大教堂、90 个修
道院、121 所教会和 150 个宗教场所。高耸的圣保罗大教堂、圣尼古
拉斯大教堂、热罗尼姆斯教堂等夹杂在大厦中间，四周被无数低矮民
宅和商铺所围绕。这一场景是里斯本作为宗教城市的真实写照。

令人遗憾的是，这一场景今天的游客已无缘得见。虽然游客在里
斯本依然能感受到大航海时代葡萄牙的辉煌与荣耀，但已很难找到拥
有 260 年以上历史的建筑。发生在 1755 年 11 月 1 日的里斯本大地震
几乎摧毁了所有建筑。

万圣节的"三重奏"

1755 年 11 月 1 日，万圣节。对于虔诚的基督教徒而言，这一天
极其重要。如果不是生病，或者其他迫不得已的原因，基督教徒都要

前往教堂做弥撒，向天主表示钦崇与感恩，并祈求天主宽恕其罪过，赐予来生的福祉。里斯本几乎所有的教堂和修道院里都被教徒挤得水泄不通，文森特大教堂更是座无虚席，因为，文森特是里斯本的保护神。在文森特教堂里密密麻麻地站满了人，门口的台阶上还有人在急切地排队等待入内。

9点20分左右，主祭神父口中的问候词还未讲完，整个教堂就突然剧烈地晃动起来。教堂顶部的大钟摇摆不停，发出阵阵声响。随着一声巨响，那些放置在教堂中的神像纷纷掉落在地，彩色玻璃窗也被震碎，这一切来得太突然，人们措手不及，顿时乱作一团，有的人拼命地向外跑去，而有的人则跪下祈祷，以图平息震颤。一位正在教堂门口排队而幸免于难的英国商人对他的家人说："几分钟后，大地又开始剧烈震颤，教堂里面的人纷纷拼命地往外跑。就在那一瞬间，教堂大门的拱形支柱和旁边的建筑晃动着塌了下来，教堂里所有的人都被埋在下面。"一位幸存者对当时的情形作了描述：首先城市强烈震颤，高耸的屋顶"像麦浪在微风中波动"；接着是较强的晃动，许多大建筑物的墙体如瀑布般落到街上，留下无情的碎石，成为被坠落瓦砾砸死者的坟墓。

地震的余波未息，那些里斯本其他教堂和修道院里的幸存者们都在仓皇逃命，人们心中对死亡的本能恐惧让他们无法接受神父有关地震是上帝对于里斯本人贪婪堕落行为降下的惩罚这一解释。一位幸存者在信中描述道："我不得不停歇大约一百回，我必须跨过许多倒塌的墙壁、死尸、有些还是生命垂危者的躯体，必须穿越许多街道，两边的房屋都有可能倒塌下来，因此大概一千次我都差点失去我的生命。在一路上我看到了惨不忍睹的景象，男人、女人与孩子们，有的奄奄一息，有的断胳膊、断腿，浑身是血迹与灰尘，空中满是他们悲惨的

图 2-4   1755 年里斯本地震前的卡尔莫修道院

叫声，这更增加了难以描述的恐怖。"

从教堂逃出来的人们本以为跑到港口这类宽阔的地方就可以保全性命，但由地震引发的大海啸正在等待着他们。到了港口，人们绝望地发现往常平静的海面异常躁动，掀起高达 15 米的巨浪。顷刻之间，汹涌的海水吞没了港湾里的上百支船队、许多被地震摧毁的房屋和数千绝望的灾民。一位幸存者曾回忆海啸发生的那一瞬间："我扭过头看着河口。虽然没有一点风，河水却以无法形容的方式呼啸着、膨胀着，而且越涨越高。刹那间，在远处出现了滔滔的洪水，就像平地上突然出现一座高山，这座水山不停地移动，而且以惊人的速度朝陆地上扑来，虽然我们都立即四处逃散，但很多人都被洪水卷走了。"另一位幸存者，英国商人大卫在写给家人的信中描述道："突然，海边一片惊呼声：'海水上岸了，我们全完了！'我转向大海，看见海水以极快的速

图2-5　大地震后的卡尔莫修道院

度上涨着。这种上涨速度，是任何狂风的力量也达不到的。一瞬间，一团巨大的浪涛像山峰一样带着响声冲上岸来，泡沫四溅。许多人被卷走，更多的人陷在齐腰深的水里，其余的人如丧家之犬一样疯狂逃走……我是差一点儿丧命的。要不是及时抓住岸边的一棵大树，定会葬身大海。海水来得快，退得也快。我站在岸边，看见许多船在汹涌的大海里上下颠簸；许多船的锚链被折断，波涛把它们带到海的深处；有些船在海上飞快地旋转着，几条大船底朝天翻在水里。这时一丝风都没有，因而海水翻腾的景象使我感到格外害怕。看起来海边也不比城里安全，但我没有更好的地方躲藏。我突然决定返回城里我住的圣保罗地区；我跌跌撞撞地向前走着，身上湿透的衣服不住地向下滴水。"

真正让里斯本陷入万劫不复深渊的不是地震，也不是海啸，而是由地震引起的熊熊大火。地震发生当天正值一年一度的万圣节，为了表示对天主的尊重，所有教堂和修道院都点上了蜡烛和油灯。这数不尽的蜡烛和油灯在坍塌的教堂和修道院里开始慢慢地燃烧，着火地点至少有100多处，浓烟和火焰蔓延在里斯本的上空，整整一周难以退去。

地震中毁坏较轻的大厦最终也未能逃过大火的摧毁，里斯本两万多所民居被熊熊烈火化为灰烬。原本狭窄的街道已被倒塌的建筑物堵

图 2-6　1755 年的铜版画展示了里斯本地震时的大火以及被海啸掀翻了的船只

塞，许多人面对大火无路可逃，葬身火海。葡萄牙最大的医院——皇家万圣医院的 600 名病人全部被烧死。葡萄牙王后玛丽亚在给她母亲的信中曾提到地震后的大火："里斯本几乎完全被毁灭了……更糟糕的是接下来的一场大火把城里烧尽了，也没有人敢去救火。我们的宫殿在地震中只塌了一半，但是剩余的部分和里面所有的东西都被大火烧了。"

　　这一场突如其来的灾难给里斯本造成了巨大的损失。"汹涌的波涛扑进港口，打碎了所有停泊的船只。火焰和灰烬盖住了大街小巷，房屋倒塌了，屋顶被掀跑了，房基也毁坏了。男女老少共三万居民，被压死在这些废墟之下。"里斯本地震的惨烈程度，从伏尔泰的叙述中可见一斑。

　　在城市建设和财产方面，里斯本城内 85% 的建筑物被毁，其中 2 万幢房屋震后仅存 3000 幢，40 座教堂有二三十座坍塌，如里斯本大教堂和嘉模修院等。利庇喇宫和震前刚刚完工的皇家歌剧院，以及皇家造币厂、兵工厂、海关等建筑物均被夷为平地，宗教法庭、教会医院皆成废墟。正如戴维牧师所说："每个教区教堂、修女团会所、女修道院、宫殿和大型公共建筑，以及不计其数的私人住宅，不是直接坍塌，就是不幸地被其他建筑所砸垮。"

与市中心的损毁程度相比，阿尔法玛一带被破坏的程度较小，尚能保存社区原貌，但已不再是贵族居住地而是成了贫民区。此外，火灾还烧毁了葡萄牙皇室几百年收藏的艺术珍品和 7 万多册善本书，以及皇家档案馆珍藏的重要资料，如十五六世纪葡萄牙最伟大的航海家达·伽马和其他航海家探险非洲、亚洲和美洲过程中收集的地图、航海记录和书籍。葡萄牙正是凭借这些宝贵的资料建立了从巴西到澳门的海上帝国，控制了从非洲西海岸到印度洋、从马来西亚到巴西的贸易通道。但在这场大火中，这些无价之宝均被付之一炬。

在人员伤亡方面，人口损失巨大，对于最终的死亡人数有多种说法，有人说死亡 1 万人，也有人说死亡 9 万人。死者中既包括葡萄牙的牧师和修女，也包括大量葡萄牙人和英格兰教团首领、西班牙大使、法国剧作家拉西纳的长孙等许多外国人。葡萄牙王室及其随员因在郊外度假而幸免于难。

除此之外，居住在里斯本的外国商人、投机家和冒险家的财产也遭受了严重的损失。他们的货物以及赖以谋生的账本、借贷和抵押证明都被付之一炬，多年来在里斯本辛苦经营的成果被一场突如其来的灾难所摧毁。一个英国商人这样告诉他的股东："绝大多数的商人完全垮了。我们旁边的两家店每家损失了五万英镑的货物，而且他们现在也无法知道他们借贷给哪些商人、借了多少。他们只能宣布破产。"

　　这场突发的地震，也引发了启蒙运动哲学家的广泛讨论，促进了现代理性精神的传播。18 世纪启蒙思想留给现代社会最重要的一个财富就是，促使人们不再信神，而里斯本大地震正是这一思想的催化剂。

　　里斯本大地震引发了人们对上帝的质疑，神权对人的禁锢逐渐瓦解。启蒙思想家强烈地抨击了天谴论，并告诫人们：理性应该取代迷信和宗教，成为我们行为的基础。启蒙时代杰出的思想家伏尔泰在《里斯本的灾难》中深刻地表达了对天谴论的怀疑和困惑："当你听到他们那可怜的、断断续续的呼喊，当你看到他们的骨灰上冒起的青烟，那么你会认为这就是永恒之法吗？如果你看到这些事实，这恐怖的景象，你会认为他们的死是罪有应得吗？那被抱在母亲的胸前、流着血的婴儿，你能说他们有什么罪过吗？难道在这坍塌的里斯本，你能找到比花天酒地的巴黎更多的罪孽？比起崇尚奢靡的伦敦，里斯本的放荡岂敢媲美？但大地吞噬了里斯本，法兰西的轻狂儿女们，还延续着无度的宴饮，跳着疯狂的舞蹈。"歌德在《少年维特的烦恼》里记录了里斯本大地震对他一生的影响："创世纪的万能的上帝、天地的主宰，《圣经》中告诉我们他是大慈大悲的智者，但如果他把受之有愧和受之无愧的人都弃于毁灭之中，他就不是一个慈父……我幼小的心灵徒劳地不这么去想，但异常困难，因为对《圣经》和教义了如指掌的长老们在如何看待里斯本大地震上也无法达成共识。"卢梭把里斯本大地震死亡人数多的原因归于人："自然没有在里斯本建两万多所六七层的

图 2-7　伏尔泰像

房子。如果里斯本的居民住得更分散，每个房子里不住那么多人，破坏的程度也许不会如此严重。"

一座城市的重生

无情的地震过后，这座原本繁华的城市满目疮痍。葡萄牙国王约瑟一世深感重建之路的艰难，萌生了迁都的念头。值此犹疑不定之际，葡萄牙首相庞巴尔勇敢地站了出来，毅然将重建里斯本的重任扛在肩上，并最终带领里斯本人民走出悲痛。庞巴尔曾出任驻英国以及奥地利大使，在外履职期间，这些国家力图进行改革来促使本国强盛的种种举措让他深受触动。同时，葡萄牙国王对他甚是信任倚重，使他在重建过程中得以用国王的名义行使权力。手中握有的实权为他的重建工作打下了坚实的基础。

图2-8 庞巴尔像

在救灾过程中，庞巴尔充分展现了他的铁腕手段。他的很多做法，成为后世人们进行城市救灾时所遵循的标准程序。

在防疫方面，为了防止灾后爆发大规模的瘟疫，庞巴尔未拘泥于常规，没有遵从传统宗教有关埋葬死者的习俗，及时处理了死难者遗体。在灾难发生时，庞巴尔便向葡萄牙大主教请求全权处理，并得到对方同意。他命令将成堆的尸体集中装船后迅速运往特茹河入海口，连尸带船一同沉入大海。此举从侧面反映出在这巨大灾难发生之际，原有的宗教观念亦受到冲击，并开始动摇。教权在俗权的面前不得不做出让步。由于庞巴尔及时采取了有效的措施处理尸体，没有令尸体大量堆积滞留，所以城中并未出现瘟疫流行的情况。

在治安维稳方面，为了快速有效地稳定震后的社会秩序，庞巴尔将惩治盗贼的审判手续进行了简化，规定抢劫盗窃者应当就地处决，城内多处竖起了绞刑架。在此期间，庞巴尔至少处决了 34 名劫掠盗取财物者，他们大多是外国人。该命令的执行，一方面遏制了因灾难而出现的趁火打劫的犯罪行为，另一方面也将教会的宗教法庭摒弃于紧急应对的权力系统之外。此后，葡萄牙大主教只能处罚谋盗、敲诈财物的牧师或修女等教职人员，再也不能像以前那样凌驾于俗权之上，并对整个社会指手画脚了。

图 2-9　地震后的里斯本城，画中可见绞刑架

在重建社会秩序方面，为了保证里斯本的灾后重建工作有足够的人力，庞巴尔一方面调集地方军队赶往里斯本，另一方面实行通行制度，严格管控出入该城的人员，拦截并强制遣返逃离城市的难民，那些逃到边远地区的难民也被地方官员遣送回里斯本。各地军队进入里斯本，立即成为灾后重建工作的主要力量，还以强大的武装控制了灾后的混乱局面，稳固了王朝的统治。

在灾后赈济方面，为确保灾后城内有充足的粮食，不致出现饿殍遍地的惨象，庞巴尔下令从外地征调粮食来保障里斯本人民的基本粮食供应，并派遣军队沿路护送，以确保途中的运输安全。同时，严格管控食品价格，防止不良商人趁机涨价，牟取暴利。政府除了给予直接的救济，还提供优惠政策鼓励市民自行垂钓，以鱼类补充解决粮食不足的问题。为此政府规定，如果市民在交通不便的地区出售所钓之鱼，可暂时免除鱼税。

1758年6月12日，里斯本公布了具有现代性特征的灾后城市重建的总体规划。这份总体规划虽然不是由庞巴尔起草，但是他对重建工作的宏观设想和具体要求在其中得以体现。事实上，如葡萄牙史学家所指出的，这在更深层次上反映了庞巴尔对整个葡萄牙的城市构想与统治理念。总体规划的主要特点如下：首先，布局上极具秩序性，如平面图呈规则的直线几何形状。其次，用整齐划一的建筑风格来弱化社会等级差异。例如，所有大楼都一律采用相同的立面图，让人从造型和装修上无法识别出房主的身份和地位。再次，以严格限制教堂建筑规模的方式来凸显教俗平等原则。例如，教堂的高度不得超过世俗建筑。最后，体现出葡萄牙中央集权和商贸为本的立国主旨。例如，国家机构建筑大多集中于王宫广场旧址处的城市主广场。城市主广场的上层设计成政府的办公场所，底层则作为人流密集的交易之所——

商店。国王若奥五世的雕像立于广场中央，该广场的称谓仍沿用震前的"商业广场"。规划中还强制规定，所有的房主无论其房屋是否因灾塌毁，都要依照规划进行重建。如果三年内没有施工，则视为房主自动放弃建房权利，其所属地皮将由政府出面转售给任何有钱购买者。

1761 年，有人企图暗杀国王约瑟一世，庞巴尔借此机会除掉了阻挠救灾重建工作的教会成员。面对一片废墟的里斯本，庞巴尔开启了一个现代化城市的重建工作，用科学和理性的设计方案实现了里斯本的重生。

在重建中，庞巴尔颇有前瞻性地开启了对地震和抗震建筑的研究。

首相庞巴尔派人对此次地震进行了详细的调查。调查的内容包

图 2-10　约瑟一世雕像

括：震前动物有无异常的反应？水井内有无特殊的现象？地震持续了多久？震后发生了几次余震？地震为何会产生如此大的破坏力等。这些问题既包含了对震前自然界异常现象的调查，也包含了对地震活动性和地震烈度的研究等。这些调查在没有地震仪和人们对地震知之不多的时代具有重要意义，它促进了人们对地震发生原因和过程的了解和认知，为后人留下了宝贵的地震资料。除葡萄牙本土的研究人员外，受里斯本大地震的震动和启发，英国科学家约翰·米歇尔也对地震的原因和过程进行了研究，他认为"地震是地表以下几英里岩体移动所引起的波动"。他指出了里斯本地震的震中和震源地的大致位置，还把地震波分为两类：迅速的震颤和接踵而来的地面波状起伏。米歇尔已经初步认识到不同地震波的走势特征，特别是 P 波和 S 波的速度差。米歇尔还首次提出了地震是靠地震波通过地球介质传播的观点。所有对里斯本地震的科学研究都极大地促进了现代地震学的诞生和发展。

庞巴尔命人发明了一种名为"庞巴尔笼子"的防震木质结构框架，将其运用于建筑结构中。此前欧洲的建筑大多是由大理石等石材构筑，而石质材料较脆，柔性和延展性较差，抗震性不强。与石质材料相比，木质材料不仅对称性好，而且伸缩性也较大，能够有效地消散地震的力量，减轻地震的破坏。这是在世界城市规划史中最早使用抗震建筑的实例之一。为了测试模型的性能，模拟地震来临时的场景，庞巴尔经常调动军队在模型附近操练。

在里斯本长达 20 年的重建过程中，庞巴尔几乎每个月都会出台新政策。为了提高重建速度，他大力提倡预制，所有的铁活、木活、瓦片、陶砖以及建筑门面都是标准尺寸，主要的大街都是 60 步宽（50 步是路，10 步是人行道），而且所有的街道都按照当时最先进的城市设计，配备最先进的基础设施，装有路灯、下水道和厕所。

1775 年，里斯本召开了重建工作完成的盛大庆典，国王约瑟一世和庞巴尔共同举杯庆祝一个现代化的大都市的重生。庞巴尔骄傲地说："稍有观察力的外国人都会看到一个无可比拟的广场，一个超过欧洲任何国家的广场。"为了纪念庞巴尔对里斯本重建工作所做出的重大贡献，里斯本中心区被命名"庞巴尔下城"，威武高大的庞巴尔雕像俯视着广场，眺望着他最心爱的港口，守护着他热爱的这一片土地。

虽然里斯本通过这项规模浩大的重建工程以全新的面貌出现在世人眼前，但昔日葡萄牙的帝国荣光却一去

图 2-11　庞巴尔雕像

不复返了。在大航海时代开始时迅速强盛起来的葡萄牙，因为一场地震而未能抓住开展工业革命的最佳时机，致使人们只能在回望中去努力捕捉那段逝去的辉煌了。

伦敦大火
——一座城市的毁灭与新生

文 | 专栏作家　武权

　　2016 年 9 月 4 日，泰晤士河畔熙熙攘攘，无数人对着河中心的驳船翘首以待。这是伦敦大火 350 周年纪念活动的高潮，平静却有力。

图 3-1　焚毁的伦敦模型

为重现火灾，艺术家大卫·贝斯特制作的长约 36 米的旧伦敦模型被置于驳船之上，于纪念活动时当众点燃。

模型力求还原 17 世纪的伦敦。当时伦敦城的面貌与今日不尽相同：圣保罗大教堂是旧日伦敦的最高建筑，它居高临下，俯瞰着周遭鳞次栉比的低矮木屋。尽管微缩，但模型展现了 1666 年伦敦的特点：伦敦其实就是一座"木头城"。

火燃起来了，猩红的火苗从伦敦模型底部的栏栅中迸出，舐舐着高大的建筑，黑色的烟雾在灯光中显得特别狰狞。火光中，木材"嘎嘣"作响，纷纷坍塌。河风阵阵，助燃火势，将火焰送入模型中低矮棚屋的窗户。不久，模型中心处的建筑轰然倒塌，腾起一团火焰，迸出无数火星。

木质的伦敦城模型在河面上燃烧着，宛如今日伦敦城中的一堆篝火，映红了河水，照亮了河岸以外的世界。人们安静异常，在沉重的历史面前，没人抬得起头来。1666 年 9 月 2 日夜里，一场大火席卷伦敦。两天之后，3/4 的伦敦城化为灰烬，数以万计的平民无家可归。

在今天看来，这场给无数贫苦大众带来劫难的大火，也是伦敦的涅槃之火——经过重建，一座崭新的城市拔地而起。在接下来的几个世纪里，宏伟、庄严的新伦敦城，引领着日不落帝国奔驰在工业革命的道路上。

火灾前的伦敦城

17 世纪的英国并不太平：鼠疫一场接一场，其间还夹杂着政变和战争。1649 年 1 月 30 日，查理一世被送上断头台；在这场血祭之后，是克伦威尔的统治。从 1653 年到 1658 年，全英国被这位护国公——其实是未戴王冠的国王——用清规戒律紧紧约束。1660 年，查理二世

图 3-2　克伦威尔像

复辟，在克伦威尔时期盛极一时的清教衰弱下来，许多清教徒开始纷纷移民到美洲；克伦威尔所开启的对荷战争却要继续进行，谁让荷兰是英国对外贸易的最大威胁呢？

1666 年 9 月，英国举国上下尚沉浸在第二次英荷战争中"四日海战"英国败于荷兰的悲伤与沮丧中。此役发生在当年 6 月，英国海军兵分两路，分头对抗荷兰和它的帮手法国。但拥有 84 艘战船的荷兰海军凭借人数优势，将仅有 56 艘战船的英国海军打得元气大伤，仅修船的费用就高达百万英镑。这在当时是笔巨大的损失，因为即使是 30 年后的英国政府，年收入也不过 420 万英镑。在这次战役中英军阵亡、被俘人数近万人，包括两名将军和 12 名舰长；而荷兰方面仅伤亡、被俘 2000 余人。

英伦三岛人心惶惶。国王和大臣担心荷兰海军将领德·奈特正在计划倚仗坚船利炮，顺河道攻入英国。这个担心后来变成了现实——1667 年 6 月 19 日，尽管泰晤士河内铁锁横亘，德·奈特将军还是成功率尖兵从泰晤士河逆流而上，在夺取了四五吨黄金、烧毁了英军六艘主力战舰后，满载战利品，以胜利者的傲慢顺利全身而退。1667 年 7 月，英国不得不同荷兰签订《布雷达和约》，通过修订《航海条例》中的部分款项，放弃了英国在荷属东印度群岛的权益，并归还了此前夺取的荷属南美洲的苏里南，结束了第二次英荷战争。

尽管处于第二次英荷战争期间，伦敦城存在着外敌入侵的威胁，

图 3-3　英荷"四日海战"场景图

但仍阻挡不住外地人的陆续到来。

自圈地运动后，越来越多的失地农民，拖家带口、衣衫褴褛地离开家乡，寻找生路。不少人涌向伦敦。很快，伦敦成长为一座约有 50 万人口的大都市。

英国城市化的客观结果，就是让伦敦城分裂成了贫民区与贵族区。贵族区的房屋是以石头建造的，花团锦簇。但那只是少数人能享有的特权生活区。杂乱无章的贫民区连点成片，将伦敦中心围得水泄不通。

穷人们用木板建屋。为了对抗多雨多雾的天气，便宜的沥青被广泛用于建筑物上。许多人的家里甚至地下室里储藏着大桶沥青，以备不时之需。所有来到伦敦城的普通百姓都可以在短时间内，用木材和沥青搭建起温暖但有些刺鼻味道的家。

　　漫步在伦敦城的街上，观感极糟：二层楼房，低矮压抑；各家的房檐争抢着街道的空间，将天空遮蔽得严严实实；木板拼凑的门歪歪斜斜地支在墙上，窗户的木材还未切割整齐。室内，地上铺着杂草，光线隐约从木板之间的缝隙透入，在布满尘埃的空气中映出道道光柱。巷子内，垃圾遍地。这里没有下水管道，只有散落在石头路面上的杂草。随时有主妇拉开房门，把脏水狠狠泼在街上。

　　街区秽物遍地，成为老鼠繁殖的沃土。糟糕的居住环境，成为瘟疫横行的渊薮。1665 年，已经在欧洲延续了 300 多年的鼠疫几近疯狂地蔓延，伦敦成为重灾区。

　　最开始，每星期只有约 1000 人死亡。随后，每周的死亡人数飙升至 5000 人左右。瘟疫扩散极快。1665 年 9 月，一周竟有约 7000 人栽倒在地，永不起身。

　　病急乱投医，人们想到用浓烟来驱走瘟疫。市长劳伦斯命令全城公民在露天场所燃烧香料，用以对抗瘟疫。用"抽烟"来阻止细菌传播的办法，事实证明毫无效果。

图 3-4　伦敦的富人们从受到鼠疫影响的地区逃走

查理二世和许多富商惜命，早已携家带口逃离，无钱出逃的平民中至少有10万人因鼠疫殒命。

接连战败的海军、被鼠疫掏空的城市、破败的国家财政……伦敦虽为英国的中心，却已是金玉其外，败絮其中，直到一场所有人都没有意料到的大火扫清一切。

火！火！火！

1666年9月2日白天，英荷海战仍在大西洋上继续。两军交战正酣之际，一阵强风吹散了两军舰队的队形。井然有序的队形是当时海军交战取得胜利的前提。战事因海上强风被迫中止。但狂

图3-5　17世纪欧洲地区治疗鼠疫病人的医师所穿的服装

风并不是为了给两国带来短暂的和平，它还有着一个不可告人的计划。顺着大西洋洋面，顺着泰晤士河一路向北，狂风带着任务于当晚抵达了伦敦。

是夜，伦敦城如以往般安静下来，除了萨瑟克区的一家面包店。萨瑟克区的普丁巷位于旧伦敦的中心偏南处，距离泰晤士河不到500米，以食品加工闻名。住在这里的面包师法利诺听着窗外狂风的喧嚣，想到天气恶劣，顾客稀少，便收拾案板，准备早点睡觉。熄灭炉火前，法利诺把几块腌肉放入炉膛的灰烬中，想借助炉火的余温，烘烤明日的美味早餐。

法利诺没有想到的是，这次的炉火并没有在腌肉烤熟之时熄灭。

凌晨一点，高温引燃了腌肉的油脂，火苗从面包炉中涌出。火势迅速蔓延，点着了面包店的木质工具，又顺着房梁烧到了涂满沥青的屋顶，油助火势，火苗腾空而起，浓烟滚滚……火焰很快包围了面包店，烟雾呛醒了睡在二楼的面包师一家。惊恐中，法利诺一家葬身火海。

狂风迅速加入了普丁巷的这场灾难，风助火势，油助火威，法利诺面包店周围的店铺随即落入火魔手中。清晨六点左右，普丁巷变成了一条火龙，通体喷吐着致命的红光，释放着炙人的高温。发现火灾后不久，教堂的钟声响起，叫醒了清梦中的居民。发出警报后，教堂开始组织灭火。对教堂来说，平时消灭一起街道火灾并不困难。在往日的火灾演习中，喷水器和木勺总能轻松克敌。

但这次非比寻常。以往的演习更像是一场平常时期的排练，居民们早早搬开了街道上的杂物，为救火队留出了足够的空间。但这次火

图 3-6　17 世纪英国的先进救火设施

灾太过突然，火势猛烈，又处于深夜，狭窄街道不但没有被人提前腾空，反而有着比白天更多的障碍物：马车夫随意地把车厢放在道口，屠夫把待宰的牲畜拴在立柱上，家家户户都有数不清的垃圾堆在门畔。救火队背负大量沉重的设施，在蜿蜒的小巷中艰难行进。

　　比起救火队老牛爬坡的速度，火势蔓延到周边街区的速度可以用"疾驰"来形容。英国托利党政治家佩皮斯❶住在普丁巷以东八条街之处。清晨，当滚滚浓烟飘散到他家附近的街区时，佩皮斯被吓得清醒过

❶ 佩皮斯（1633—1703）：英国托利党政治家，曾任英国皇家海军部首席秘书、下议院议员和皇家学会主席。佩皮斯将亲历的一系列大事件以日记的形式记录，为后世史学研究提供了珍贵的一手资料。伦敦的鼠疫、大火、英荷战争等在其日记中都有所体现。

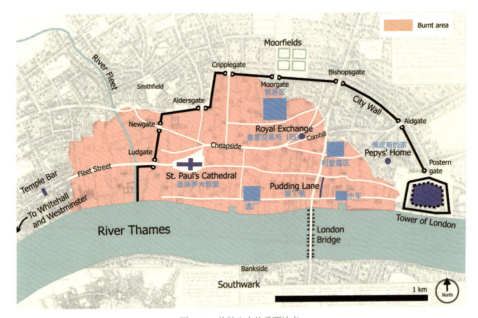

图 3-7　伦敦市内的重要地点

来。他连忙备船，前往位于伦敦市中心的西敏寺，向查理二世报告。

在西敏寺，佩皮斯遇到了年轻学者塔斯维尔。塔斯维尔正准备顺着泰晤士河，向火灾起源地前进，试图对火灾做出详细而严肃的报告。

通过塔斯维尔的见闻，后人得以知晓，起自普丁巷的大火是如何兵分两路烧毁伦敦城的。9月3日，大火把普丁巷附近的几个街区烧毁后，开始向四周扩散。火苗一路向北，越过街道、山丘，直捣市中心；另一路则顺着泰晤士河畔向周边，特别是向西北方向扩散。幸好有河水阻隔，泰晤士河南岸得以逃过一劫。当日傍晚，圣玛格纳斯教堂被熊熊烈火吞噬，其中的金银装饰都被烧化。

火焰在极短的时间内，烧到了伦敦大桥北岸的大水车旁。对伦敦来说，这座水车不仅是宏伟的景观，还是必不可少的基础设施。它从河内取水，供应市中心。此时，人们希望它不断抽水，喷到圣玛格纳斯教堂上，浇灭烈火。但水车经不起这样的高温，它在众人的惊愕声

图3-8　陷入火海之中的伦敦

中轰然倒塌。

当蔓延的火势到达泰晤士河畔时，火的烈度进一步加大。此处商铺密布，储藏着大量易燃品：食用油、沥青、香料……被点燃后，它们"助纣为虐"，扩大火灾的胜利成果。

火焰高涨，就像有一群隐形的喷火兵在四处投掷燃烧弹。大火乘风烧遍整条河岸。

河畔的啤酒厂内，高温给了每一只木桶巨大的压力，桶内的二氧化碳含量极速增长。"嘭嘭嘭"，巨响一声接一声，酒桶盖子被弹射到天上，价格不菲的酒水在街上任意流淌。

9月3日晚，泰晤士河北岸已经没东西可烧了。

9月4日凌晨5时，火焰烧到了贸易区。这里位于伦敦市中心偏西北处，与普丁巷的距离不算短，但还是被火焰找上门来。

贸易区由石头建筑组成。火灾初起时，人们觉得这里安全无比，把自家的财物托付给该区的商人保管。但同为石头建筑的圣玛格纳斯教堂都在上千度的高温中融化，贸易区这种世俗人居住之地怎能逃过被大火化为灰烬的命运？很快，贸易区被大火吞噬。

图 3-9　火势蔓延形势图。最内侧为 9 月 2 日起火范围，中间为 9 月 3 日起火范围，最外层为火灾最终的波及范围

火灾中的众生相

火光熊熊，照出了伦敦城里的众生相。

9月3日，当火焰进犯城北的利登霍市场区时，正是火势最旺的阶段，但附近的居民在两名年轻学生的带领下，镇定有序地投入灭火的战斗中，并最终击退了大火。灾难并不可怕，可怕的是缺乏面对它的勇气：这是人们在这场溃败中获得小小胜利的最好注脚。

在贸易区中商人们的表现相比之下有些懦弱。从12世纪起，这里就是伦敦的金融中心，也是伦敦最庄重华美的地区。三四层的大理石建筑上雕梁画栋，镌刻着繁复的花纹。仓库里堆积着数不尽的钱币和票据。当大火席卷四周而来时，大腹便便的富翁们发现自己必须做出选择：要么和财产待在一起死去；要么丢下财产苟活——对这些经济动物来说，这比死还难受。望着摇摇欲坠的大楼，他们没有组织营救，而是选择了抱头鼠窜。

面对火灾，伦敦的官员也表现欠佳。当普丁巷的火灾被人紧急报告后，伦敦市长不情愿地驱车前往现场。到了现场，大火已经烧了至少两个小时，他甚至没有下车，隔着马车窗帘看了一眼火势，轻描淡写地说了句"撒泡尿都能浇灭"，便匆匆离去。火势冲天时，市长先生才开始着急，准备组织救援。

这位涉嫌渎职的伦敦市长，对来自皇室的帮助不屑一顾："这是我的城市，即便是国王也

图 3-10　伦敦救火队图画

不能随意插管。"火灾的第一天，也是救火的黄金24 小时，就这样被耽误了。

街道上，马车夫对着肩扛手提的民众不断吆喝揽客；河岸处，船夫们不停地用船桨拍打水面，用水声吸引岸上匆匆逃离的人前来乘船。价格较平日涨了数倍，船票仍供不应求。人们像疯了一般，把每一个交通工具当成能带他脱离火海的天使。大火几乎夺走了伦敦人的一切，包括他们多数人的理性。

火灾之中，人们不但恐慌，而且容易骚动。人们迫切想找到罪魁祸首，宣泄遭受巨大损失所产生的不满、怨恨。此时尚未结束的英荷战争将民众的怒意引向了城内的外国人。

一场以排外为目的的暴动开始了。人们不再徒劳地向建筑物泼水，而是成群结队地在坊间巷内搜寻外国人的踪迹。游行很快变成了一场打砸抢烧。一个法国人手中提着的一盒网球被污蔑为燃烧弹。大火中失去家园的女人们极其癫狂。她们拿着锅铲，拎着烤肉叉，把来英国游历的圣方济各会的修士❶打得跪地求饶。

街上行走的外国人被打倒在地，被愤怒的人群私刑逼供。在混乱的街道上，塔斯维尔就曾亲眼见到一个法国人被一个丧失了理智的铁匠用铁锤打得血肉模糊。许多外国人不得不主动去监狱寻求避难——他们认为待在监狱中会比较安全。

局势愈来愈乱，国王和约克公爵坐不住了。他们

❶ 圣方济各会的修士：圣方济各会主张其成员应该在多地游历，从而感受上帝的旨意。在英国的圣方济各会修士大多来自国外，多数可能是外国的贵族子弟。

不再理会市长的拒绝，开始召集军队处理火灾，整顿混乱的社会秩序。刚刚从海上回到陆地的水兵被命令前往皇家码头集合。

此时，大火已蔓延到伦敦军械库。这里储藏着大量炸药——原本是打算装上战舰"送给"荷兰人的。军械库一旦爆炸，后果不堪设想。

许多顾问提出将军械库旁的费特巷扒平，人为制造隔离带。情况危急，这不失为一个好办法。但这是私人住宅"风能进，雨能进，国王不能进"的英国，想要拆房止火谈何容易。当水兵们举起工具准备平整费特巷时，抗议的居民越聚越多。

危急时刻，查理二世来了。看着身骑皇家白马的查理二世，人们安静了。在 BBC 的系列纪录剧情片《伦敦大火》中，表演者将查理二世演绎成一个真正的领袖。他像一尊雕塑般坐在马上，对着无家可归的灾民庄严宣誓："我们将会战胜恐惧，伦敦屹立不倒。"最终，查理二世说服众人，确保了军械库的安全。

图 3-11　查理二世像

肆虐数日后，大火消退。这并非人力所致，可能仅是自然的恩赐——雨骤风停。此时的伦敦，空气中弥漫着浓郁的香料气息，地上凝固着熔化的金属，一片狼藉。一切都变成了废墟。

灾后的伦敦与伦敦的重建

1666 年 9 月 5 日，火势消弭，留下破败的城市。这场空前的灾难造成了约 1000 万英镑的直接损失。

至少 13000 栋房屋被毁，400 条街道化为焦土。算上城墙与郊外的自由区，伦敦 80% 的区域化为乌有。

至于伤亡人数，众说纷纭，有 6 人遇难说，也有 8 人、20 人遇难说。近年来，不断有历史学家对此进行研究，认为当年没有统计贫民，实际死亡人数可能超乎所有人的想象。大火消退后的冬季，由于没有住所，缺乏燃料，无数没有死在大火中的人冻死在了寒冬。

大火中，成千上万的贫民连夜逃出城，在郊区过夜。他们蜷缩在帐篷里，瑟瑟发抖。灾民中流传着无数可怕的消息：法国人已在城外集结，很快就会杀进来；国王抛弃了他的人民，正逃往牛津；粮食全被烧光了……教徒将火灾视作上帝的惩罚，他们数落人们的罪行，借机传教。伦敦的一位主教安慰人们道："这不过是上帝的旨意而已。"

为了稳定社会秩序，伦敦市政府搬到了格里辛学院——这里距离难民营更近，更便于管理，也更容易向灾民展示国王救灾的决心。伦敦实行临时的食物配给制——国王向所有人承诺，次日会继续送来 500 英镑的面包。

在军人的帮助下，市场秩序得以稳定，交易恢复。人们日常所需的食物、衣物和医疗服务，逐渐恢复供应。当然，政府不可能持续照顾到每一个人，只有把一切交给市场，让它来满足人们的需求。

当逃难而去的商人陆陆续续地回来时，伦敦得以磕磕绊绊地运转起来。国会打算在废墟上缔造一座全新的城市。在商人的帮助下，成吨的木材和石料被运往伦敦，为重建做好了准备。

学者雷恩计划抛弃旧城，整齐切割区划，以亟待再建的圣保罗大教堂为中心，延伸出主干道路并连接起来。他认为新伦敦当如棋盘，每个区域都该方方正正。

当时著名作家、规划家艾佛林考虑到皇室的财政危机，主张在旧有格局之上再建，并利用未被大火烧毁的砖石修筑地基。

这两个方案各有利弊。英王查理二世倾向于艾佛林的方案，但他也没有完全否认雷恩的规划：雷恩被任命为工程总监约翰·德纳姆爵士的助理。

接到重建伦敦的任务后，艾佛林写出名为《伦敦再造》的计划书。这份规划不仅有战略布局，对城市做出了宏观规划；也有细节的考量，具体到某段泰晤士河沿岸的下降程度、某处山坡的倾斜角度、原有道路的弯折改良等。

重建工作得到了科学家胡克的帮助。胡克精通数理几何，帮助测绘出无数复杂的街角。在此过程中，胡克提出了新的测量方法，对重建前的测量工作助力颇多。

在三人的通力合作下，英国国会确定了重建原则：保持原有格局

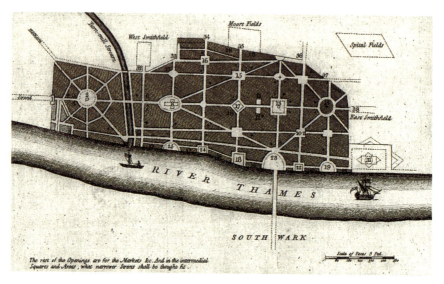

图 3-12　艾佛林设计的伦敦改造图

基本不变，拓宽并新建街道，强化房屋质量，增加公共基础设施。

1666 年 10 月，重建委员会成立：老牌建筑学家帕洛特、国会白厅中坚梅修、总设计师副手雷恩、探勘专家胡克位列其中。委员会中还有很多底层工匠，他们为重建提出了卓越的建议。比如，贾曼对新建筑中木料的运用贡献极大；曾为测量员的米尔斯对街道细节的测量无一遗漏。

开工前，国王颁布了强制性告示：所有人擅自重建，都会受到惩罚；重建应在政府厘清土地产权后进行。这避免了无数土地争端，确保了重建工作的顺畅进行。

冬天来临，重建工作必须尽快开展。一方面，勘探队加班加点；另一方面，与重建相关的工作紧锣密鼓地展开。城市土地委员会应运而生，成为协调住户、地主与政府关系的中间人。伦敦港重新开放，木料、石材源源不断地被运入这座正在换血新生的城市中。

1667 年 2 月，有关重建伦敦的计划通过，房屋规划和建设即将开始。为防火灾再起，法案规定：建筑材料只能是砖块和石块，就连必然会用到木头的窗框，也被强制使用不易起火的橡木。因此伦敦留下了无数古色古香的房屋，成为今天城市中的风景线。

建筑格局也改观很多。房屋朝向和临街距离都有了严格规定。建房时必须为主干道留出 100 英尺（约 30 米）的空间。同时，相邻两户必须合资建一堵防火墙。

1668 年冬，居民房屋建设基本完成，伦敦市内已不见因为火灾而无家可归的人了。

1669 年，新伦敦交汇中心落成，随即投入使用。与民众急需的生活住房相比，圣保罗大教堂的建造漫长得多。第一任负责人丹南爵士病逝后，雷恩以皇家建筑师的身份接替此工作。随后，胡克也加入设

图 3-13 《夜晚的圣保罗大教堂》 英国画家爱德华·安吉·诺古德绘

计中。到 1710 年，这座跨越世纪的教堂工程终于完工，雷恩有幸成为当时唯一一个活着看到自己所设计的教堂落成的人。如果将伦敦比作涅槃重生的凤凰，圣保罗大教堂就是它头上的金冠，这标志着伦敦的真正复兴。

人们站在圣保罗大教堂的顶层，倚靠栏栅，俯瞰伦敦，定会感受到城市规划的力量：街道宽广，数驾马车齐头并进；房屋坚实，栋栋砖石打造的建筑拔地而起；行人有序，路上出现了行人通道。让人舒适的种种，都诞生于那场骇人的火灾之后。

"后伦敦大火时代"

伦敦重建完成后，英国进入了"后伦敦大火时代"。伦敦大火后新起的，不仅是新的街道、新的房屋，还有一整套现代观念。

火灾后，伦敦街道都铺设了地下输水管网，每隔一段，就配套打孔，装入消防栓，城市的防火能力大大提升。这称得上史无前例的壮举。从此，不论是纽约，还是巴黎，抑或是上海，消防栓成为现代城市中不可或缺的风景。灾后重建时，每个社区都留出了足够多的消防通道，并在家家户户门前备好消防器材，以防万一。

1667 年，尼古拉斯·巴蓬成立私人保险公司，专为个人提供火灾险。13 年后，投机发财的巴蓬成立火灾保险营业所。他的保险公司考察房屋状况，划定防火等级，按失火概率收费。这划定了现代保险业的制度轨迹。工业革命后，巴蓬的保险制度传到世界各国。1871 年，芝加哥发生火灾，损失额约为 1.5 亿美元。保险公司承担了 2/3 的赔偿，将芝加哥从工业崩塌的深渊中拯救了出来。

在商业保险和防火制度的庇佑下，新建的伦敦迅速发展起来。它很快成为当时欧洲最大、最繁华的城市。资本纷纷涌向这座红砖白墙的城市，为修缮一新的金融中心注入了活力。

资产阶级尽管在火灾中损失惨重，但灾后重建时，土地交易带来的巨大利润令他们的财富恢复如初。这刺激了无数新老贵族，进一步激发了他们的重商主义。他们带着大量资金投入市场，倒卖土地，发展工商业。火灾后的伦敦商业一飞冲天。

大火也为伦敦的崛起扫清了一道障碍——瘟疫。火灾之前，伦敦是鼠疫、霍乱的天然温床。大火之后，4/5 的伦敦被毁，原本的木板房变成了砖石结构，带菌的老鼠和横流的污水不再出现。重建后的伦敦不仅是 17 世纪最漂亮的城市，也是最卫生的城市。

1671 年起，伦敦决定修建一座纪念碑来缅怀历史。1677 年纪念

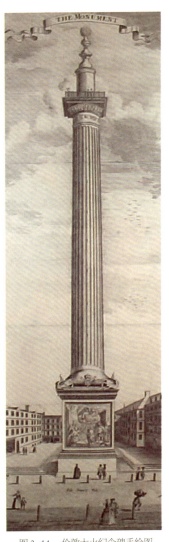

图 3-14　伦敦大火纪念碑手绘图

碑落成。纪念碑位于费雪街山丘上，距离大火起源地普丁巷62米——这也是纪念碑的高度。今日，伦敦大火纪念碑已经成为伦敦的地标性建筑，它屹立在车水马龙的城市中，静静地观望着伦敦的发展和英国的未来。■

何以巴黎
——一座现代都市的诞生

文 | 南京大学　荆文翰

1848 年 9 月 24 日，一位身材矮小但衣着考究的男士走出巴黎北站，他就是路易 - 拿破仑·波拿巴（拿破仑三世）。在流亡英国 3 年后，拿破仑三世以国民代表的身份返回巴黎。此时的法国已历经自大革命以来半个多世纪的动荡，第一次工业革命的展开使法国的贫富分化进一步加剧。在这种政治经济的巨大变迁中，人心思定；拿破仑三世竞选纲领中对秩序和社会问题的关注，对当时的法国民众有着巨大的吸引力。此后不久，他就获得了法国的最高权力。

图 4-1　路易 - 拿破仑·波拿巴像

寓居伦敦期间，拿破仑三世目睹了工业革命带给英国的巨大变化。在城市风貌方面，伦敦也给了拿破仑三世巨大的冲击。伦敦 1666 年大火后，卓有成效的城市重建，让 19 世纪的伦敦成为一座拥有整齐划一的石头建筑、精巧别致的私家花园以及规划完善的卫生系统的现代城市。拿破仑三世决定将首都巴黎也打造成一座令人印象深刻的城市，改变这座城市的命运。

19 世纪巴黎的城市危机

19 世纪中叶，随着工业革命的深入开展，巴黎日益发展成法国重要的制造业中心。随之而来的是外来人口的大量涌入，巴黎的居民人数在短短几年内就翻了一番：从不足 60 万猛增至 100 余万，巴黎变成了一座拥挤的城市。塞纳河中的西岱岛是巴黎的发源地和城市中心，此时已被杂乱无章的贫民窟覆盖。藏匿着小偷与强盗的危险街区包围了岛上的政府机构大楼，在无形中威胁着社会的稳定。用各种杂物堆砌而成的简陋房屋，不仅不适于居住，更毫无美感可言，极大地影响了法国的国家形象，成为首都的一块污点。

作为一座人口密集的大都市，巴黎缺少与之相匹配的供水系统，市民饮水须由送水员用木桶挑到住宅之中，十分不便。巴黎的水源地塞纳河在当时也是城市污水的排放处，被污染的河水通常未经处理就径直被送到市民家中，病菌由此随着不洁的饮水进入巴黎人的体内。在 19 世纪 30 年代爆发的大瘟疫中，无数人因此丧命。

此时，巴黎的市内交通大多依赖修建于中世纪的道路，狭窄、肮脏、泥泞、危险。由于巴黎的道路修建于不同的时期，没有统一规划，人们往往需要穿过迷宫般的街区才能到达目的地。旧有的街道还缺少人行道，时常有人丧命于疾驰而过的车轮下。城市危机的严重还体现在恶

图 4-2　这条河流被用来倾倒巴黎制革厂的废物，最终流向塞纳河

劣的卫生状况上。在第二帝国以前，巴黎只有很短的一段下水道，在城中大多数地区，人们都直接将污物倒在马路上，以至于有些令人望而生畏的路段被称为"粪路"。当时男女一起出行，比较绅士的做法是男士走在内侧，以防从天而降的脏水泼到女士头上。

　　旧有的街道不仅不能满足日益增长的交通需求，还成为法国武装革命的渊薮。巴黎杂乱无章的街道成了暴动和起义的绝佳场所。街垒革命是这一时期武装革命的特点。自 1789 年法国大革命以来，巴黎人先后六七次在城市中大规模筑造街垒，反抗政府统治。狭窄的街道易于阻断，起义者只需掀起铺路石，便可轻松堆砌出高大的障碍物；而闭塞的街区往往给政府军的镇压行动带来极大的麻烦。在 1830 年 7 月和 1848 年 2 月

图 4-3　19 世纪油画中的巴黎街垒战

的两次革命中，巴黎人修起了成千上万的街垒，先后颠覆了波旁王朝和七月王朝的统治。街垒成了统治者的一块心病，而要根治它，必须从改造巴黎的道路入手。

巴黎大改造

　　作为国家的领袖，拿破仑三世无法事事躬亲。他需要一位具有高超行政能力和城市规划知识的官员来将他对首都的设想变成现实。当时正在外省任职的奥斯曼成为拿破仑三世中意的人选。他有着"根正苗红"的出身：其祖父、外祖父、父亲都曾在拿破仑一世的政府中效力，他本人又对拿破仑三世绝对忠诚。在个人履历方面，奥斯曼在 1830 年七月革命后步入仕途，第二共和国建立后升任省长。1852 年，在拿破仑三世为建立帝国造势而进行全国巡游时，时任吉伦特省省长的奥斯曼精心安排了在当地的庆祝和宣传活动，给拿破仑三世留下了深刻印象。

作为集荣誉感与使命感于一身的职业官僚，奥斯曼决定彻底改造巴黎，以辉煌的首都来彰显帝国的伟大。从 1853 年走进巴黎市政厅到 1870 年退职，由奥斯曼主导的巴黎改造工程长达 17 年之久，几乎贯穿法兰西第二帝国的始终。奥斯曼是一个实用主义者，没有文人墨客的浪漫情怀。在他看来，19 世纪的巴黎应该成为"人道主义的世界之都"。新的巴黎应该摒弃中世纪遗留下来的城市形态，成为一座宜居的现代城市。

奥斯曼从美学的视角出发规划法国的首都。根据当时巴黎存在的道路陈旧、布局混乱、公共服务缺失等弊端，他有针对性地提出"笔直、布局、美观"三原则，以之贯穿巴黎大改造的始终。

奥斯曼的改造以街道建设为切入点，通过重新规划道路网络来塑造新巴黎的城市形态，打造"通达巴黎"。不同以往的是，奥斯曼选择了从难度最大的中心老城入手，为实现其建设大交叉口的愿景，他下令拆毁了大批民居，修建了夏特莱特广场，使塞纳河右岸地区东西向的利沃里街和南北向的塞瓦斯托波尔大道两条大动脉相交于此，打通了城市内部的联系。在塞纳河左岸地区，奥斯曼如法炮制，修建了相交的主干道和广场，大大改善了塞纳河两岸、巴黎中心城区的交通状况。以此为

图 4-4　施工中的利沃里街

基础，奥斯曼还规划了大量斜向的道路，用以连接主干道和火车站、歌剧院等公共建筑。加上城市外围的环城大道，巴黎形成了布局合理、通达性强的交通网络。

难能可贵的是，奥斯曼在重视新建道路通达性的同时并没有忽视其舒适度。当拿破仑三世提出参考英国伦敦的建设模式时，奥斯曼直截了当地回答："不，陛下，巴黎人不是伦敦人，他们需要的更多。"在新建的道路两侧，奥斯曼设置了饮水器、报刊亭、公共厕所、长椅、路灯等设施，规划了独立于车行道的人行道，使出行成为巴黎人的一种享受。奥斯曼还下令在街道两旁广植树木，今日巴黎著名的林荫大道即出自他之手。在香榭丽舍大街上，遍布着的小花园、咖啡馆和剧院，成为巴黎人闲暇之时的好去处。巴黎街道既有宏观上的科学规划，又有细节上的人文关怀，旧貌换新颜，为巴黎的迷人风情奠定了坚实的基础。

为改善城市的卫生状况，与街道建设同步进行的是"洁净巴黎"的构建。奥斯曼为巴黎规划了发达的下水道系统，分为三级：第三级下水道铺设在人行道下，收集街道两旁工厂、住宅中的生产生活废水，汇入主干道下的第二级下水道之中，最后集中到城中若干第一级下水道或蓄水池内。新建的下水道十分宽敞，第二级以上的通道内可以通行船只甚至轨道车，这既为日后的维护和清理提供了极大的便利，又给巴黎人

图4-5　19世纪60年代巴黎的街道被5.6万盏路灯照亮

增添了一项新的消遣。改造后的下水道总长近 600 千米，下水道完工并开放参观后，乘船游览成了巴黎人、特别是巴黎上层社会趋之若鹜的娱乐项目。那些穿着长裙、佩戴首饰的贵妇们争相前来，一睹这地下幽暗世界的风采。

　　在 19 世纪的技术条件下，如此规模的工程自然耗资不菲，在当时甚至被人指责为劳民伤财。但从日后历史的发展来看，我们不得不感佩奥斯曼的远见卓识。随着科技的发展，城市中有越来越多的管道和线路需要铺设，而奥斯曼规划的宽敞的下水道为此提供了充分的空间，从排气到通信，巴黎的这座"地下之城"直到今天仍然发挥着巨大的作用。此外，由于整个下

图 4-6　巴黎下水道

水道系统有着详细的规划，今天的人们若不慎将小件物品掉入，只需记下地漏的编号，便可以找回。这项服务由下水道部门免费向公众提供。这种人性化的举措背后，是奥斯曼那代巴黎改造者的严谨与智慧。

　　奥斯曼被一些学者誉为"城市规划学科的创始人"，绝非浪得虚名：大改造前巴黎城市布局的混乱和无序令人十分头疼，改造后的城市则以秩序和规范闻名于世。奥斯曼所推行的各项工程都不是心血来潮，而是在施工开始之前经过科学严谨的规划与论证。上任初期，奥斯曼就组织相关技术人员在城内各处进行测量，绘制出一份精准翔实的巴黎城市地图。奥斯曼将这张地图挂在自己的办公室中，每项即将展开的工程都在图上作了详细的标注。

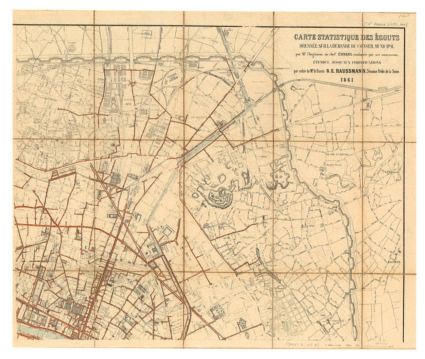

图 4-7   1861 年的巴黎下水道规划图

奥斯曼并不满足于"地图上的布局"，在宏观的城市规划之外，他也十分注重细节上的整齐划一。对于主干道两侧新落成建筑的高度，奥斯曼制订了严格的规范：市区建筑一般不能超过 7 层，建筑高度与街道宽度的比例应在 1.5 : 1 到 2 : 1 之间。在临街阳台的装饰上，全部使用统一规制的栏杆，由此产生的视觉效果十分震撼。这当然得益于机械化大生产的发展。

截至奥斯曼退职，改造巴黎的开销已达 25 亿法郎，这笔钱即使在今天也可以说是一个天文数字，而在巴黎大改造的过程中，拿破仑三世为争取民心、维护社会稳定，严禁以此为由在巴黎开征新税，这着实给奥斯曼出了极大的难题。作为应对手段之一，奥斯曼将巴黎市郊的大面积地区并入需要缴税的城区之内，大大扩展了税收的基数，在一定程度上缓解了财政上的危机。1860 年新年伊始，兼并法案正式生效，给巴黎带来了 50 平方千米土地和 40 万新居民。

新并入地区不仅带来了数量可观的税收，也给高速发展的工业提供了大量土地，这对老城区已无多少空置土地的巴黎来说显得尤为珍贵。更为重要的是，兼并在无形之中实现了巴黎行政区划的深层次变革。大改造之前的巴黎存在 12 个形状奇怪的区，布局杂乱无章，城乡界限模糊，给经济社会的发展制造了不少障碍。1860 年以后，扩张后的巴黎由 20 个结构紧凑的区组成，依托新规划的道路，从中心开始以顺时针方向铺开，这种科学合理的布局为巴黎现代城市治理的实现提供了一种近乎完美的框架。时至今日，巴黎仍然保持着这种行政区划。

拿破仑三世希望伦敦那种精致的城市花园景致可以出现在法国首都。作为城市规划的执行者，奥斯曼似乎比皇帝更有野心，除了在城市内建小花园以外，他希望建设更加宏伟的"绿色巴黎"。对此，拿破仑三世给予了充分的支持，将巴黎西郊原先属于皇室的狩猎场赠给巴黎市，用以兴建城市公园，这就是著名的布洛涅森林。

拿破仑三世希望在布洛涅森林看到大面积的水域，而地势的原因很难将森林中的两个湖泊连接在一起。奥斯曼在两个湖泊的连接处设计了一座瀑布，既解决了施工上的难题，满足了皇帝的心愿，又给布洛涅带来了一处美丽的

图 4-8　奥斯曼公爵像

图 4-9　《布洛涅森林的滑冰者》　皮埃尔 - 奥古斯特·雷诺阿绘

景观。昔日的皇家禁地变成了如今的市民公园，从此布洛涅森林所见不再是纵马驰骋的王公贵族，更多的是衣着朴素的中产阶级和工人。

随后，奥斯曼在巴黎的东、北、南分别兴建了文森森林、肖蒙山丘公园和蒙苏里公园。如此一来，居住在城中任何区域的居民都可以选择到距自己最近的公园去休闲，暂时远离工业时代的嘈杂，享受片刻的宁静。

城市改造远非简单的"立新"，特别是在巴黎这种历史悠久的古城之中，"破旧"不可避免。如何处理"破旧"与"立新"的关系，在一定程度上回应了在城市的现代化转型中，如何面对"传统"与"现代"的冲突。在巴黎大改造的过程中，对于西岱岛以及巴黎圣母院的改造给我们提供了一个很好的范例。

巴黎圣母院是巴黎的地标性建筑之一，因大文豪雨果的同名小说而家喻户晓，然而其所在地西岱岛的历史却鲜为人知。作为巴黎的发源地，这里早在公元前 3 世纪就有人居住，是巴黎最古老的地区。每天，圣母院的钟声准时响起，人们穿梭在岛上迷宫般的小巷中，就像一幅迷人的图画。西岱岛厚重的历史在使人迷醉的同时，也存在着纷繁复杂的社会问题：凶杀、盗窃、瘟疫……在欧仁·苏的小说《巴黎的秘密》中，这里似乎成了各种犯罪行为的庇护所、不见天日的法外之地。环绕在岛上

图 4-10　修复以前的巴黎圣母院

行政机构周围的是大量的贫民窟，里面潜在的"暴民"随时可能给现政权致命一击。

出于政治、社会、文化等多方面的考虑，奥斯曼决定彻底改造西岱岛。这里也因此发生了整个巴黎大改造中"传统"与"现代"最为激烈的一次交锋。在奥斯曼不容置疑的命令下，岛上的民居几乎片瓦无存，居民人数从改造前的15000人锐减到改造后的5000人，雨果曾热情讴歌的景象再也看不到了。与成片的老旧住宅一并消失的，还有西岱岛曾经阴暗肮脏的过去。"它们（犯罪和瘟疫）是西岱岛的耻辱，我有幸从头到尾拆除了这一地区。"许多年后，已经退职的奥斯曼在回忆录中这样写道。

在拆除老旧民宅后的土地上，奥斯曼兴建了警察局、司法宫、商业法庭、消防队等公共行政管理机构的建筑。如此统一规划、设计宏伟的公共建筑，既彰显了第二帝国的荣耀，也在无形之中宣示着其自身的历史合理性和合法性，堪称一场完美的政府形象公关。依靠在塞纳河上新建的桥梁，西岱岛成为联通左右两岸的战略要点，一旦城中有变，政府可以迅速掌控形势。对于巴黎这样一座有着悠久"革命传统"的城市来说，这无疑是十分重要的。

奥斯曼在西岱岛的行动受到了无尽的攻讦，许多人指责他是抹杀巴黎历史的刽子手。事实上，奥斯曼的计划并非简单的大拆大建，在对西岱岛进行的改造中，他也回答了一个长期存在于老城改造中的难题。如何处理好"传统"与"现代"的关系？早在改造开始之前，人们对于西岱岛的未来就存在两种截然不同的设想：其一是将西岱岛建成以巴黎圣母院为核心的哥特式教堂区，重现雨果笔下15世纪的风貌；其二是拆除老旧社区，建设现代建筑，修复并突出主要的历史遗迹。

作为一个实用主义者，奥斯曼毫无疑问选择了后者。在他看来，有历史和有历史价值这两者并不能简单地画上等号。旧的并不都是好的，拆毁一些没有历史价值的老建筑，恰恰是为了突出那些真正意义重大的历史遗存。作为西岱岛的核心，巴黎圣母院不但在改造中安然无恙，而且得到了很好的修复。

这座始建于12世纪的教堂，历经700余年的风风雨雨，到了19世纪已有些衰败，许多雕塑被偷走。巴黎圣母院是法国最重要的教堂之一，社会上要求恢复其往日荣光的呼声一直十分强烈。在改造中，这一呼声得到了充分重视。由于在漫长的历史中曾进行过无数次小规模的修补，圣母院内部的装饰已有不少改变。秉承着"修旧如旧"的原则，设计师们研读了大量有关圣母院的文献资料，详加考证，拆除了其中与整体风格不符的部分，严格按照中世纪的风格进行复原，如今我们看到的尖塔就是那个时代复建的作品。一丝不苟的设计师们还跑遍了法国各地，参考同时期保存下来的雕塑，尽可能按照原貌重新制作失窃的雕塑。在施工过程中，施工队全部采用当年使用的建筑材料，拒绝水泥之

图 4-11　今日的巴黎圣母院，图中尖塔复建于巴黎大改造期间

类的一切现代建材，使修复后的圣母院没有丧失其形成于岁月之中的古典魅力。

巴黎大改造的后果

巴黎大改造绝非"阳光下的工程"，在恢宏壮丽的新城后面也存在官商勾结的恶行，造成了巴黎贫富分化的加剧。当时的巴黎流传着一个笑话，一个人问自己的富人朋友如何这么快就发了财，这位朋友回答道："我的地被征用了。"城市改造不可避免地需要征用大量的土地，而这一过程中的漏洞和暗箱操作给不法之徒提供了可乘之机。奥斯曼的夫人曾天真地说道："好像每要修建一条道路，我们就恰好有朋友在那拥有土地，需要被征用。"许多关于即将展开的项目的机密通过各种渠道泄露到了第二帝国权贵们的耳朵里，使他们得以疯狂地投机。

图4-12　讽刺奥斯曼破坏巴黎的漫画

改造在一定程度上造成了城市社会内部的撕裂。位于市中心的大量老旧房屋被拆毁，许多世代居住于此的中下层百姓失去了安身之所，他们获得的补贴又无法负担新建房屋的租金，因此许多人被迫搬到了相对落后的巴黎东郊。与此相对应的是，巴黎的富人——第二帝国的权贵和大资本家则在城西环境优雅的街区中拥有奢华的住宅。城市中不同地区间的明显差异激化了社会矛盾，东郊的居民产生了一种被放逐的感觉，在一定程度上为帝国末年巴黎公社革命的爆发埋下了伏笔。

即便如此，巴黎大改造仍然是一项值得称道的工程，今天呈现在人们面前的巴黎就是奥斯曼交给历史的答卷。美国著名建筑师史蒂芬·柯克兰曾这样评价道："历史上的多位国王和总统都曾为巴黎建造纪念碑式的建筑，第二帝国将巴黎打造成了一座纪念碑。"改造后的巴黎有了宽阔的道路、便捷的供排水系统、充足的绿色空间、发达的公共交通……奥斯曼的改造工程深入城市肌理，成功实现了巴黎城市形态的现代化转型，为法国、欧洲乃至世界的城市改造树立了样板。

如拿破仑三世所愿，新巴黎为他的帝国和整个法兰西民族带来了无上荣光。1855年，万国博览会在巴黎举行，慕名而来的游客无不为焕然一新的巴黎倾倒。在这些参观者中，有一位尊贵的客人——英国维多利亚女王。在巴黎访问的9天里，女王或在新铺设的街道上巡游，或到新落成的地标建筑参观。巴黎之行极大地触动了女王，她回国后专门给

图 4-13　拿破仑三世陪同维多利亚女王参观荣军院中的拿破仑一世墓

拿破仑三世写信，激动地表示："这次旅行在我的记忆中永远也无法抹去。"

　　有人说今天的巴黎是奥斯曼的巴黎，其实这并不准确。奥斯曼确实改变了巴黎的面貌，但他从未撼动这座伟大城市的根基——那种渗入一草一木、一砖一瓦的城市精神。

　　巴黎大改造交织着"传统"与"现代"，在两者的激烈交锋中，新巴黎拔地而起，老巴黎也并未因此消失。1944 年，第二次世界大战接近尾声，希特勒致电时任巴黎驻军司令冯·肖尔铁茨，下令在盟军攻入以前彻底摧毁巴黎。然而在 8 月 25 日，他发出的"巴黎烧了吗？"的电报没有收到任何回应——巴黎在那天解放了。无论是奥斯曼的铁铲还是希特勒的枪炮，都未能改变这座城市那骄傲、不屈的底色。

　　此谓巴黎。

建军九十周年

南昌起义为何能成功打响第一枪?

文｜南昌八一起义纪念馆 刘小花

1927 年，中国政治风雷激荡，波谲云诡。在这一年，国共合作的北伐战争顺利推进，工农运动蓬勃发展，极大地动摇了帝国主义、封建军阀势力在中国的统治。随后，中国政治风云突变。蒋介石、汪精卫集团相继背叛革命，向共产党人和工农群众举起了屠刀，开始血腥大屠杀，革命联合战线内部剧烈变动和分化，第一次国共合作宣告破裂。为挽救革命，1927 年 8 月 1 日凌晨，在

图 5-1　蒋介石下令查封、解散革命组织和进步团体，大肆捕杀共产党人和革命人士

以周恩来为书记的中共前敌委员会的领导下，贺龙、叶挺、朱德、刘伯承等人率领共产党掌握和影响的军队 2 万余人在南昌举行武装起义，率先打响了武装反抗国民党反动派的第一枪，开始了共产党独立领导革命战争和创建人民军队的历史征程。

起义爆发的背景

南昌起义能成功打响绝非易事。这一起义是中国共产党在骤然而至的急风暴雨中，面对国民党反动派的白色恐怖和共产党可能被消灭的紧急关头爆发的。

1927 年 4 月初，蒋介石在上海约集李宗仁、白崇禧、黄绍竑、李济深、张静江、吴稚晖、李石曾等 10 余人举行秘密会议，决定用暴力手段实行"清党"，对中国共产党员发动突然袭击。4 月 12 日，蒋介石突然在上海发动反革命政变，疯狂地搜捕和屠杀共产党人和革命群众。到 4 月 15 日，上海工人 300 多人被杀，500 多人被捕，5000 多人失踪。但国民党反动派的根本目的是要消灭共产党。蒋介石说道："共产党是非打不走的，非我们去消灭他，他就要来消灭我们。"胡汉民也曾直言不讳地说："这次的清党，就是要消灭中国共产党！"与此同时，北方的奉系军阀张作霖也命令军警在北京逮捕大批

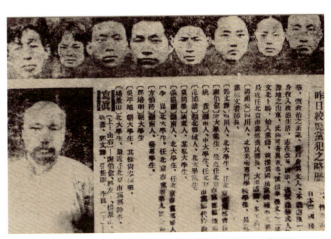

图 5-2　中国共产党创始人之一李大钊被奉系军阀杀害的新闻

共产党员及其他革命者。中国共产党主要创始人和领导人之一李大钊于 4 月 6 日不幸被捕。4 月 28 日，李大钊等 20 名革命者被送上绞刑台，壮烈牺牲。

面对蒋介石集团的叛变，以陈独秀为首的中共中央没有坚决反击，而是把希望寄托在国民党左派和一些军事将领身上，特别是对汪精卫寄予了过高的期望，主张把共产党的党权、政权交给他们，幻想以退让求团结。当然，这与国共两党军事实力对比悬殊有关。第一次国共合作期间，国民党在苏俄和中国共产党的大力帮助下，建立黄埔军校，培养了大批军事人才。北伐开始，国民革命军编成八个军，兵力约 10 万人，而中国共产党对建立共产党直接领导的武装没有给予足够重视，反而要求在国民军中从事政治工作的共产党员和共青团员"只是注意政治宣传的事，而不可干涉到军事行政上的事"，放弃对军队的掌握权。

在国共分裂已成定局、大革命失败的情况下，究竟是武装反抗还

图 5-3　行军途中的北伐军队

是妥协退让，党内争论十分激烈。毛泽东、周恩来、蔡和森等人纷纷谴责反动派的暴行，主张要奋起抗争，以武力反击敌人的进攻。1927年4月16日，周恩来、赵世炎、李立三等人联名上书中共中央，指出应乘蒋介石在沪宁地区立足未稳之机，"迅速出师，直指南京"。蔡和森多次建议中共中央准备武装暴动，在夏斗寅及许克祥叛变后，他提议叶挺及中央军事政治学校全部武力立即占领粤汉路，积极准备，以暴动对付暴动。在得知唐生智日益反动的消息后，蔡和森指出："中央及军部应即检察自己的势力，做一军事计划，以备万一。"毛泽东也提出武力挽救革命的主张。在7月4日中共中央常委扩大会议上，毛泽东指出："不保存武力，则将来一到事变，我们即无办法。"他还主张"上山"，并预料"'上山'可造成军事势力的基础"。

1927年5月13日，联共（布）中央政治局发来电报，要求中国共产党"现在就应开始组建八个或十个由革命的农民和工人组成的、拥有绝对可靠的指挥人员的师团。这些师团将是武汉在前线和后方用来解除不可靠部队武装的近卫军。此事不得拖延。"随后，共产国际又给在武汉的鲍罗廷、罗易、柳克斯（苏联驻武汉领事）发来电报，即"五月紧急指示"，明确"动员2万名左右的共产党员和5万革命工农，组织一支可靠的军队"。

作为共产国际下属的一个支部，中国共产党自成立之日起就自愿听从和接受共产国际的领导和帮助。中国共产党最初的党纲、政纲，包括联合国民党的政策方针，都是按照联共（布）、共产国际的指示或在共产国际代表的帮助下制定的。虽然联共（布）和共产国际在指导中国革命的过程中犯了一些错误，但这个指示把当时挽救时局的关键问题提了出来。然而，中国共产党领导人陈独秀却认为共产国际指示建立军队的问题，言过其实，是不切实际的幻想。1927年6月7日，在中共中央政治局会议上，陈独秀表示：我们衷心赞同指示，但问题是我们党未必能够贯彻执行。谭平山、张国焘等人也表示不能接受紧急指示。鲍罗廷抱怨莫斯科不了解中国的形势。罗易虽然认为应该执行这个指示，但提不出切实可行的办法。这样，"五月紧急指示"没有得到贯彻执行。不料几天后，罗易竟然将此电报内容泄露给了汪精卫，为武汉汪精卫集团发动七一五反革命政变提供了口实，加速了镇压共产党的进程。五六月间，汪精卫集团发布一系列反动训令，压制工农运动。夏斗寅在宜昌叛变，进攻武汉；许克祥在长沙制造"马日事变"；江西军阀朱培德以"礼送"为名，驱逐、杀害共产党员。"山雨欲来风满楼"，汪精卫集团背叛革命迫在眉睫。

1927年6月26日，陈独秀在中央政治局会议上仍束手无策。他说道："我们面前有两条路，右的道路与左的道路。右的道路意味着放弃一切，左的道路意味着采取激进行动。在这两条道路上等待我们的都是灭亡。此外还有一条中间道路，即继续目前的局面，这也是不可能的。怎么办？也许应该寻找第四条道路？"在中国共产党面临存亡危机的关键时刻，陈独秀未能力挽狂澜，反而犹豫不决。革命失败已经无法挽回，陈独秀在党内的威信也降到最低点。据瞿秋白在中共六大的报告《中国革命与共产党》中所记述，原来的中央政治局不得不"散伙"。

1927年7月12日，根据共产国际改组中共中央领导的训令，由张国焘、李维汉、周恩来、李立三、张太雷组成中共中央临时政治局常委会，代行中央政治局职权；陈独

图5-4　陈独秀像

秀被停职，"不再视事"，从此离开了中共中央最高领导岗位。

　　1927年7月15日，汪精卫等控制的武汉国民党中央召开"分共"会议，正式决定同中国共产党决裂。随后，蒋江合流，在"宁可错杀一千，不使一人漏网"的反革命口号下，残酷屠杀共产党人和革命群众，成千上万的革命者倒在了血泊之中。据中共六大的不完全统计，从1927年3月至1928年上半年，被杀害的共产党员和革命群众达31万多人，其中共产党员2.6万有余。汪寿华、萧楚女、熊雄、陈延年、赵世炎、夏明翰、郭亮、罗亦农、向警予、陈乔年、周文雍等党的著名活动家英勇牺牲。据1927年11月的统计，中国共产党党员数量从大革命高潮时期的近6万人急剧减少到1万余人。共产国际执行委员会主席团委员布哈林在中共六大《中国革命与中国共产党的任务》报

图5-5　中共六大会址展览馆，位于莫斯科市郊五一镇

告中也反思道："共产国际武装中国军阀而没有帮助中国共产党武装工农。结果，我国无产阶级创造的子弹射进了中国工农的头颅。"

新成立的中共中央一改陈独秀领导时代的软弱状态，强烈谴责国民党的反革命行为，1927年7月中旬，中共中央在湖北省委驻地召开会议，研究部署武装反抗国民党反动派的行动，决定以中国共产党所掌握和影响的部分北伐军为基本力量，联合国民革命军第二方面军总指挥张发奎，重返广东，恢复革命根据地，实行土地革命，举行第二次北伐。重返广东是当时中共中央照搬照抄苏联和北伐战争的经验做出的一个战略决策，虽然后来被历史证明是错误的，但难能可贵的是，中国共产党已深刻认识到，必须在武器的批判中寻找到自己继续生存的空间。共产党只有独立领导武装斗争，反抗国民党的屠杀政策，才是继续革命的唯一出路。

起义的酝酿与决策

1927年7月20日，李立三、谭平山、邓中夏、叶挺、聂荣臻等在九江举行第一次谈话会，首次提出"在南昌举行暴动"的建议。据李立三回忆，"张发奎态度之犹豫与右倾，那么依靠张为领袖之回粤运动，很少成功之可能"，于是决定"抛弃依张（发奎）之政策……在军事上赶快集中南昌，运动二十军与我们一致，实行在南昌暴动，解决三、六、九军在南昌之武装"。 会上，李立三等同志很急躁，主张立即动手。聂荣臻同志说："不行，必须等中央命令。周恩来同志交代得清清楚楚，必须

图5-6 张发奎像

有中央命令，不能自由行动。"经过一番争论，会议最后决定，还是等中央的命令。

1927年7月24日，中共中央临时政治局在武汉召开常委会，根据在九江同志的建议，同意在南昌举行武装起义，并将起义的决定迅速报告了共产国际。常委会决定由周恩来、李立三、恽代英、彭湃四人组成党的前敌委员会，以周恩来为书记，赴赣领导这次起义。

当时中共中央选择在南昌举行起义，可以说是审时度势，分析和综合了南昌各方面的有利因素。

首先是就近起义的紧迫性。当时张发奎深受汪精卫的影响，中国共产党争取张发奎已经毫无希望。据张发奎晚年回忆："一旦汪精卫决定'分共'，我会支持他，因为在这个问题上他比我更高瞻远瞩。正如我常说的，服从命令是军人的神圣职责。……既然国民政府主席汪精卫认为'分共'是正确的，我当然听他的。"可见，张发奎在政治上已经完全倒向汪精卫，并已经同意汪精卫在军队中进行"清共"的决定。在这种情况下，如不当机立断，迅速就近起义，共产党所掌握和影响的叶挺、贺龙等部队就有被瓦解和消灭的危险。此时武汉政府打着"东征讨蒋"的旗号，叶挺、贺龙部队跟随张发奎已开拔到九江一带。在共产党准备于南昌举行武装起义的同时，汪精卫、张发奎加紧了军队中的"清共"活动。他们感到贺龙、叶挺的部队"不稳定"，企图以开会的名义把叶挺、贺龙召集到庐山，解除他们的兵权。得知内幕消息的第四军参谋长叶剑英冒着极大危险，秘密下庐山赶到九江，找到贺龙、叶挺、高语罕、廖乾五。他们在九江甘棠湖的一只小船上商议对策，最后议定：叶挺、贺龙不去庐山开会，不执行将所辖部队集中到德安的命令，迅速率部队开赴南昌准备起义。

其次是中国共产党在南昌兵力占优势。当时驻守南昌的国民党部队主要有第五方面军警卫团，第三军二十三团、二十四团，第六军五十七团，第九军七十九团、八十团等，共 6000 余人。起义军兵力除了贺龙率领的第二十军、叶挺率领的第十一军二十四师，还有朱德率领的第三军军官教育团部分学员和南昌市公安局保安队，再加上准备动员参加起义的蔡廷锴第十师和计划在起义后赶到南昌的第四军二十五师，共 2 万余人。中国共产党兵力上占有优势，胜利的把握比较大。对此，聂荣臻回忆道："我们估计起义可以成功，行动的计划就决定下来了。"

最后是南昌特殊的地理和交通条件。当时九江至南昌有 100 多千米，又有南浔铁路，起义军乘火车从九江赴南昌，方便迅速。南昌又是江西政治、经济、文化的中心，有利于部队的集中驻扎，亦可筹集资金，解决部队的补给问题。从防守角度看，当时的南浔铁路不能跨越赣江，在南昌的终点是昌北的牛行车站，与南昌城有一江之隔。这样即使国民党反动军队乘火车来进攻，起义军还可以借赣江的阻隔来防守。

另外，大革命时期的南昌工农运动高涨，有着非常坚实的革命基础。这也是当时选择在南昌发动起义的重要因素。

就在起义准备工作紧张进行的关键时刻，张国焘从九江接连发来两封急电说："暴动宜慎重，无论如何候我到再决定。"张国焘是中国共产党创始人之一，也是新成立的中共中央临时政治局五人常委之一，在党内享有一定的威望。共产国际代表罗明那兹派

图 5-7　张国焘像

张国焘专程来前方传达共产国际关于南昌起义的复电。共产国际电报全文为：

　　如果有成功的把握，我们认为你们的计划是可行的，否则，我们认为更合适的是让共产党人辞去相应的军事工作并利用他们来做政治工作。我们认为乌拉尔斯基和我们其他著名的合法军事工作人员参加是不能容许的。最高领导机关。

　　在这则电文中，共产国际采用了一种外交式委婉的措辞，对是否发动南昌起义并没有给出非常明确的态度。这给了张国焘很大的解释空间。

　　1927 年 7 月 30 日早晨，张国焘赶到南昌，前敌委员会立即召开扩大会议。会上，由于张国焘对争取张发奎存有幻想，他以共产国际电报为由，主张一定要得到张发奎的同意后方能举行起义，否则不可发动。张发奎曾是北伐时第四军"铁军"军长，曾与中国共产党有过亲密的合作关系。他的部队是共产党员最集中的部队。在大革命破裂之际，张发奎同情和收容了许多共产党员。所以共产国际和中国共产党对他抱有好感，幻想拉拢和依靠他的军事力量，回广东重建革命根据地。

　　但此时形势已发生变化，张发奎已倒向了汪精卫集团。因此，张国焘的提议遭到了周恩来、恽代英、李立三、彭湃、谭平山等同志的一致反对，大家认为：形势已刻不容缓，共产党应站在起义的领导地位，再不能依赖张发奎。事实上张发奎已深受汪精卫的影响，绝不会同意我们起义的计划。因此，起义不能推迟，更不能停止。会议发生了激烈的争论。据叶挺回忆：周恩来同志听了张国焘的话后大怒，称共产国际代表及中央给他（指周恩来）的任务是来主持这个运动，现在给张国焘的命令又如此，他（指周恩来）不负责了，即刻回汉口。谭平山同志更是大骂张国焘是混蛋。因为张国焘代表中央意见，不能以多数决定，当天会议讨论了一天没有结果。7月31日晨，再开前敌委员会扩大会议。此时，因叶挺、贺龙未去庐山开会，张发奎来电

图5-8　南昌起义领导人塑像，从左到右分别是刘伯承、叶挺、周恩来、贺龙、朱德

说8月1日要到南昌来。据闻，同来的还有汪精卫和孙科。在这种情况下，张国焘不得不同意举行起义。前敌委员会做出最后决定：起义于1927年8月1日凌晨4点举行。

打响第一枪

根据前敌委员会的决定，贺龙、叶挺发布了起义的绝密作战命

令："我军为达到解决南昌敌军的目的，决定于明日（8月1日）4时开始向城内外所驻敌军进攻，一举而歼灭之！"按照作战部署：贺龙率第二十军负责攻打第五方面军总指挥部，消灭大营房驻敌，解决省政府的守卫部队，并负责警戒昌北水陆交通要道。叶挺的第十一军二十四师主要负责攻打天主堂、贡院、新营房等处的敌人，攻占敌卫戍司令部，占领敌人设在佑民寺的修械所和弹药库。朱德的第三军军官教育团学员负责监视其驻地附近的敌情，协同友军作战。朱德还遵照前敌委员会部署，执行了另一项秘密任务：7月31日晚，他以请客吃饭、打麻将为名，宴请第三军第二十三团团长卢泽明、第二十四团团长肖曰文和副团长蒋学文，将敌团长和团副牵制住，有力地配合了起义战斗。

图5-9　江西南昌八一起义大楼,今南昌八一起义纪念馆

1927 年 7 月 31 日晚 9 点左右，正当起义即将打响的重要关头，一个紧急情况改写了起义时刻。第二十军第一师一团三营副营长赵福生偷偷溜出部队，潜入国民党第五方面军总指挥部，将起义的消息告诉了国民党军。幸好，这一情况被及时发现。前敌委员会得知后，立即决定将起义提前两个小时即在凌晨 2 点举行。

事实上，南昌起义的"第一枪"在夜里 12 点多便打响了。时任起义军第二十军第三师师长周逸群回忆，当晚 12 点多就听见枪声。当年在南昌松柏巷天主堂工作的李桐森回忆：7 月 31 日晚上，天气很热，他和同事都睡在男堂内的院场上……到半夜 12 点钟以后，忽然一个同事叫起来"外面打枪！"话未说完，接着又响了两枪。这时大家都惊醒了，刚一坐起"噼啪噼啪"的枪声接连响起并且越打越紧，

图 5-10　油画《八一南昌起义》　黎冰鸿绘

大家连忙往屋里搬。

整个起义经过 4 个小时激战，歼灭南昌守敌 3000 余人，缴获机枪 800 余挺，步枪 5000 余枝，子弹 70 余万发，取得了战斗胜利，占领了南昌城。南昌起义胜利后，为了广泛地团结国民党左派人士，在共产国际"复兴国民党左派"思想指导下，南昌起义打出的仍然是国民党的旗帜。8 月 1 日上午，以特别委员会的名义，召开了国民党中央委员及各省、区、特别市和海外党部代表联席会议，成立中国国民党革命委员会，推举宋庆龄、邓演达、谭平山、张发奎、贺龙、郭沫若、恽代英 7 人为主席团主席。这一新领导机构的成立是为了与宁、汉政府抗衡，继承革命正统。8 月 1 日中午，根据周恩来和聂荣臻的事先约定和安排，驻马回岭的第二十五师第七十三团全部、第七十五团 3 个营和第七十四团侦查连约 3000 人，在聂荣臻、周士第率领下起义。他们利用午睡时间，以"打野外"为名，将部队开出驻地，于 8 月 2 日早顺利赶到南昌集中。当天，起义部队进行整编，仍然沿用了国民革命军第二方面军的番号，贺龙兼代第二方面军总指挥和第二十军军长，叶挺兼代前敌总指挥和第十一军军长，朱德为第九军副军长。

南昌起义高举国民党左派的旗帜，有利于争取国民党左派人士的支持。当时著名的左派人士彭泽民、张曙时、姜济寰等加入到起义队伍中来。但是，在国共合作已经破裂的情况下，南昌起义宣传继承"国民党正统"，打着国民党旗帜弊大于利。此时，国民党反动派到处镇压和屠杀工农，国民党的旗帜已不具有号召力。李立三深刻指出："国民党在武汉反动屠杀工农以后，已成为群众所唾弃已臭的死尸……到瑞金以后已经在原则上决定要建立工农政权了，但是还舍不得一块国民政府的招牌，直到汕头失守，才决定取消国民党的名义和

'白色恐怖'的旗子。"起义后，贺龙返回上海与中共中央政治局常委李维汉谈话时也曾反思道："南昌起义总的来说是正确的，只有两个错误，一是打国民党旗，一是没有没收地主的土地。"可见，起义军使用国民党旗不仅没有起积极的号召作用，反而有误导民众之嫌。同时，国民党也得以借机进行反宣传。《汉口民国日报》就曾报道："最可笑可恶的是假借本党委员名义组织革命委员会。除几个少数共产党员外，余如孙夫人、张发奎、朱晖日等，连影子都没有看见在南昌。这种挂羊头卖狗肉的勾当，只有共产党人才做得出来。"这在一定程度上影响了起义军的政策宣传，容易让群众产生误解。

1927年8月3日至5日，根据中国共产党的原定计划，起义军分批撤离南昌，取道临川、宜黄、广昌，南下广东，以期恢复广东革命根据地，并占领出海口，取得国际援助，然后重新举行北伐。这主要是根据苏联军事顾问加伦将军及共产国际的提议："起义后部队的行动方向是立即南下，占领广东，取得海口，以获得国际援助，然后再举行第二次北伐。"在这一战略思想指导下，当时起义军一心想南下广东建立革命根据地。

起义军南下时正值盛夏，山路崎岖，行军十分艰苦。由于国民党的反动宣传，沿途村庄村民逃离，部队给养困难。据南昌起义总政治部宣传处处长朱其华回忆："物质方面困难到了极点，每天至少要走六十里路，而且完全是崎岖的山路。"虽然南征前做了军中动员，但由于撤退太仓促，对行军困难估计严重不足，军中的宣传还不够深入细致。因此，一路许多士兵逃跑，遗弃大量的枪炮子弹。特别是在江西南昌进贤县的时候，还出现了蔡廷锴率领第十师脱离起义队伍、第二十军参谋长陈裕新投敌的情况，起义军兵力损失近1/3。

1927年9月中下旬，起义军进占广东潮汕地区。因兵力对比悬殊，中国共产党又错误地进行了两次分兵，给了国民党军各个击破的机会，导致起义军主力部队在揭阳、汤坑地区遭遇军事失利。起义领导人不得不分散撤离，分别从汕头、甲子港等地转道香港、上海继续革命。起义军1000余人突围后，在董朗、颜昌颐的率领下进入海陆丰革命根据地，与彭湃领导的农民武装结合，成立了红二师。驻守三河坝的第九军、第二十五师在朱德等人的领导下，在与国民党军激战后也被迫撤出战斗，与从潮汕撤下来的部分官兵会合，转战粤赣湘边境，于1928年4月下旬与毛泽东领导的湘赣边界秋收起义部队会师。整个南昌起义至此画上了句号。

南昌起义虽然成功打响了第一枪，遗憾的是因南下广东战略失误，起义军遭遇重大军事失利。中华人民共和国成立后，周恩来深刻总结南昌起义的经验教训认为："南昌起义后的主要错误是没有采取

图5-11　秋收起义纪念碑

就地革命的方针，起义后不应把军队拉走，即使要走，也不应走得太远。当时如果就地进行土地革命，是可以把武汉被解散的军校学生和两湖起义尚存的一部分农民集合起来的，是可以更大地发展自己的力量的。但南昌起义后不是在当地进行土地革命，而是远走汕头；不是就地慢慢发展，而是单纯的军事进攻和到海港去，希望得到苏联的军火接济。假使就地革命，不一定能保住南昌，但湘、鄂、赣三省的形势就会不同，并且能同毛泽东同志领导的秋收起义部队会合。"

"八一"在军旗、军徽中闪光

"八一功在第一枪。"南昌起义打响了武装反抗国民党反动派的第一枪，在全党和全国人民面前树立起一面革命武装斗争的旗帜，标志着中国共产党独立领导革命战争、创建人民军队和武装夺取政权的开始，开辟了中国共产党历史上的一个新时期。陈毅曾高度评价道："八一起义是第一次国内革命战争和第二次国内革命战争之间的分界线，是中国革命的一个里程碑。"彭德怀同志也曾高度评价道："八一炮响我军前身。"虽然彭德怀没有讲八一南昌起义是"我军创始"，因为他认为南昌起义打的还是国民党左派的旗号，没有正式打出共产党的旗号，用"前身"这个词更准确一些。但彭德怀说十个元帅，除了徐向前、罗荣桓和他自己，有七个元帅参加了南昌起义（叶剑英虽没有直接参加起义，但对起义做出了特殊贡献）。粟裕、陈赓等一批具有深厚军事素养的人，都参加了八一南昌起义。他们在历史上的贡献是不能小看的。

1933年6月30日，在江西瑞金，时任中共中央革命军事委员会代主席项英签署命令，提议："1927年8月1日发生了无产阶级政党——共产党领导的南昌暴动。这一暴动是反帝的土地革命的开

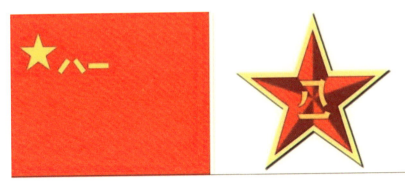

图 5-12　中国人民解放军军旗和军徽

始，是英勇的工农红军的来源……为纪念南昌暴动的胜利与红军的成立，特决定自 1933 年起，每年 8 月 1 日为中国工农红军成立纪念日。"随后，中华苏维埃共和国临时中央政府决议批准中央革命军事委员会的建议。1949 年 6 月 15 日，中国人民革命军事委员会发布命令，规定以"八一"两字作为中国人民解放军军旗和军徽的主要标志。中华人民共和国成立后，8 月 1 日正式成为中国人民解放军建军节。"文化大革命"期间，红卫兵曾提出把湘赣边秋收起义开始的 9 月 9 日改立为建军节。他们认为秋收起义是以工农大众组织起来的武装队伍为主的暴动，比单纯由国民革命军内部进行暴动的南昌起义更具有划时代的历史意义，而且秋收起义第一次打出工农革命军的旗帜。毛泽东否定了这一提议。他讲道："'八一'是中央决定的，'八一'是全国第一个暴动，是打第一枪，全国出名的。"毛泽东同志对南昌起义的高度评价，既是他谦虚豁达胸襟的体现，也是对南昌起义历史地位的肯定。从此，南昌起义与中国人民解放军紧密相连，"八一"在军旗、军徽中闪光。

中国共产党空军里的外国人

文 | 南开大学　杨晓越

2015 年 9 月 3 日，中国人民抗日战争暨世界反法西斯战争胜利 70 周年纪念日阅兵仪式在北京天安门广场隆重举行，这是中华人民共和国成立以来所举行的第 15 次阅兵活动，盛况空前，中国人民解放军空军"八一"飞行表演队拉出彩烟飞跃天安门广场。蓝天作证，阵容强大、壮志凌云的新一代空军振翅冲天，昂首接受祖国和人民的检阅。回首过

图 6-1　空军"八一"飞行表演队拉出彩烟飞跃天安门广场

往，人民空军白手起家、筚路蓝缕的建设之路历历在目，而在这个过程中，一群外国建设者的身影异常清晰，他们曾同我们并肩携手，在中国共产党空军发展史上留下了浓墨重彩的一笔。他们因何而来？他们在中国共产党空军建设的不同时期又做出了怎样的贡献呢？我们不妨回到具体的历史时空寻找答案。

天山赤鹰——"新疆航空队"中的苏联顾问

1937年3月，河西走廊地区仍是一片肃杀之气，朔风吹彻，黄沙漫天，红军西路军在戈壁中艰难行进。在经过浴血奋战，冲破马步芳骑兵的狂野围袭后，仅剩400余人的西路军左支队，由西路军工作委员会书记李卓然及红三十军政委李先念等率领，于5月杀抵新疆星星峡，随后被中共中央驻新疆办事处代表陈云等人迎接至新疆首府迪化市（今乌鲁木齐市），其中的一部分人进入军阀盛世才的新疆边防督办公署航空队学习航空技术。此航空队的前身是1932年3月1日新疆省政府成立的新疆航空军官学校（后改称"新疆航空学校"），其全部设备及大部分教官由苏联提供。盛世才独揽新疆军政大权后，又请苏联援建，设航空训练班，公开招生培训飞行和机务人员。

航空训练班里的苏联教官也称顾问，都是从苏联空军中选派而来的优秀干部，且为联共（布）党员，其中两名飞行教官，负责飞行指挥和带教；一名领航教官，负责航空理论教育；一名机械教官，负责指导机务维护保障。因为教学课程与教学理念等均采自苏联，所以航空训练班的培养模式可以说是苏联先进空军训练模式的翻版。当时盛世才已与中国共产党方面建立了统战关系，陈云等人考虑到我军空中力量亟待发展的迫切现实，欲行"借鸡生蛋"之计，请航空训练班中的苏联教官来帮助培养红军的空战人才。于是，这些身处异国他乡的优秀苏联顾问在机

图 6-2　新疆边防督办公署航空队正门

缘巧合之下与原本落难边地的西路军余部产生了交集。

新疆边防督办公署航空队第三期飞行班班长、红军干部吕黎平曾于《星光照西陲——忆我党第一支航空队的前前后后》一书中忆及在 1938 年 3 月 3 日开学典礼上初见苏联教官的场景。当时的飞行总教官尤吉耶夫最后出场，用俄语说了一番热情洋溢的贺词，由一旁的翻译官逐句译成汉语。台下的红军学员们闻言无不激动兴奋，斗志昂扬。起初盛世才虽嘴上应允让红军干部进入航空训练班接受培训，但内心极不情愿，所以在暗地里百般刁难，为中国共产党成员入学制造障碍。红军学员大多是苦出身，文化水平偏低，盛世才执意要求只有通过初中毕业的文化考试才能入学。中央派驻新疆的代表邓发考虑到现实情况，果断前去与盛世才和航空队总教官尤吉耶夫进行沟通，希望能对红军学员予以免考。虽然对红军学员的现有水平也有些担忧，但尤吉耶夫毫无私心，答应了邓发的请求，并且真诚地表示"只要他们好好地学，我们负责教会他们"。

有了苏联人的支持，盛世才也就无话可说了。而中国共产党学员得到苏联教官的鼓励后士气大振，默默在心中许下誓言，立志排除万难学成毕业，既不辜负党的期望，又可报答苏联顾问的教诲之恩。

航空训练班正式开课后，学员们先学习基础课程，再转入专业知识与技术的学习，最后进行飞行训练。在实际的飞行教学中，苏联教官尽心竭力，经常一个人包一架教练机，连续带飞四五人不下飞机。他们的飞行技术极为精湛，每人都有 1000 小时以上的飞行经验，有的还参加过诺门坎战役。在训练里，苏联教官强调从严从难，先难后易，所有带飞课目都让学员坐在视野差的后舱学操纵，教员反而坐在视野好、便于操纵的前舱。他们说正因为后舱的驾驶难度大，所以只要学员学会了后舱驾驶，再到前舱就轻而易举了。苏联教官严格、泼辣的传帮带使中国共产党学员克服了许多技术难点，令红军战士们获益匪浅。除了纯粹技术上的帮助外，苏联教官还经常为被盛世才猜忌的红军学员保驾护航。为消除盛世才的疑虑，营造更加良好安全的学习环境，苏联教官把对红军学员的关心藏在心底，除日常教学事宜外，尽量减少与学员的来往。不过他们会经常通过苏联驻迪化领事馆向中国共产党驻新疆代表转告学习情况，并提醒注意事项。

航空训练班的飞行班学员在 1942 年 4 月毕业，他们已先后飞过 4 种苏制飞机，平均每人飞行约 1000 个起落、300 个小时，飞行技术达到作战水平。早在 1939 年 9 月毕业的

图6-3 盛世才像

机械班学员被分配到盛世才的航空队任机械员，到飞行班毕业时他们已能熟练地掌握 4 种苏制飞机的维护技术。这支凝聚着苏联人心血、成于大漠深处的鲜为人知的"红色航空队"是中国共产党历史上的第一支航空队，经由苏联人代为训练的红军学员后来大都成为中华人民共和国航空事业的重要奠基人与开拓者。

革面洗心育英才——"东北航校"里的日本教官

1946 年 3 月 1 日，东北民主联军总部下令成立了东北民主联军航空学校，通常简称为"东北航校"或"老航校"。这座航校中有不少日籍教官和工作人员。他们多是抗日战争结束后滞留东北被解放军收编的日本士兵。在经过挣扎、犹豫与忐忑后，许多日本人主动与八路军联系，加入到解放军队伍里。他们起初仍因国别问题心存疑虑，但在日复一日的亲身接触中，解放军诚心相待，毫无歧视之心，这些外国人深受感动，再无担忧，全心全意地投入到航校初创时期的建设中。

在这些值得感念的日籍军人中，不能不提到由 34 岁的大队长林弥一郎少佐所领导的日本关东军第二航空军团第四练成飞行大队。这支驻扎在沈阳远郊奉集堡机场的日本空军机动性部队担负着使用"隼式"战斗机训练从其他兵种调来的初级指挥官和学生出身的见习官兵的任务。在被八路军曾克林、唐凯部包围后，经八路军晓以大义，加之实际行动的感化影响，林弥一郎所辖飞行大队的技术人员、飞行员、教官等大多表示愿意参加中国共产党领导的航空事业建设。他们也确实履行了诺言，在教学上

图 6-4　林弥一郎像

倾囊相授，不论是建设规划，还是技术训练，知无不言，献计献策。在大家的共同努力下，东北航校成为中国人民解放军空军第一代飞行员的摇篮。

原北京军区空军副参谋长、老航校一期飞行学员韩明阳在《我的主任飞行教官林弥一郎》一文中回忆，在面对航空学校应该培养什么样的人担任飞行员这一首要问题上，林弥一郎凭借自身体验认为，忠诚是核心条件，只有听从指挥，后续训练才能顺利开展，此言一出，争论顿息。常乾坤校长集中大家的意见之后，从山东抗大和延安炮校、山东大学等单位挑选了一批战斗骨干，他们绝大部分成为日后空军的优秀将领，林弥一郎功不可没。日本教官不仅在关键决策上见解独到，在实际训练中更是技艺娴熟。韩明阳曾在另一文中还说到了带他们飞上蓝天的"启蒙教练"木暮重雄教官。

木暮重雄当时二十七八岁，高个子，飞行技术良好，是教官队伍中的"老八路"。1945年1月，他在山东省泗水县上空因滑油系统故障，强迫着陆在解放区内，后经八路军改造加入了日本共产主义联盟，在1946年9月调入东北航校任教官。韩明阳在第一次飞行时，因为个子矮，便带着一个早已准备好的布垫子进入座舱。可没想到那个垫在屁股下边的破布垫有一个洞，当飞机冲上云霄时，风一吹，布垫里面的烂草和尘土飞满座舱，迷得他两眼直流泪，什么也看不清。当他擦干眼泪环顾四周时，飞机已经在木暮教官的熟练操纵下飞翔于天际了。飞机一交到韩明阳的手中就像一匹没有被驯服

图6-5 木暮重雄像

的烈马般不听使唤。相比之下，木暮教官做的每一个飞行动作都是那样的柔和、自然。着陆后，木暮教官点评道："韩，作为一个飞行员，要胆大心细，既要勇敢，动作又要柔和、细致，要像姑娘绣花一样，动作粗的大大的不行。"韩明阳谨记教诲，在飞行服上写下"柔和"二字作为座右铭以勉励和提醒自己，终于克服了缺点。原北京军区空军司令员、老航校一期飞行学员刘玉堤也对木暮教官印象深刻。在《我从这里飞上蓝天》一文中他回忆道，自己因为得知教官是日本人，开始时还心存芥蒂，但在以后实际的教学接触中逐渐改变了原有的观念。有一次刘玉堤因住院耽误了课程，进度落后于别的同学一个多月。他非常着急。木暮教官单独为他"开小灶"，一有空就带他到机场的草坪上练习操纵动作。二人相对而坐，木暮教官用夹杂日语和中文的表达外加手势比画，一个动作一个动作地教，把一些难懂的原理讲得深入浅出。带飞时，木暮教

图6-6　青年刘玉堤像

官会先亲自操纵一两遍，再从旁指导，对学生加以鼓励并指出问题。虽然教官耐心十足，不曾发过脾气，但在教学中要求十分严格。学员必须每天背诵飞行数据，起飞怎样加油门、推杆、保持方向；转弯该做什么动作等，统统要记得一清二楚。在空中，刘玉堤即使是一个非常细小的动作出错，也要重来。木暮教员和吴恺老师亲自带教刘玉堤上百个架次后，刘玉堤终于赶上了进度，在1948年春胜利闯过了单飞关，为他的飞行生涯奠定了良好的基础。在后来的抗美援朝空战中，刘玉堤英勇地击落敌机6架，击伤3架，被空军政治部授予"一级战斗英雄"称号。

航校中还有其他的日本飞行教官如内田元

五、黑田正义、平信忠雄、佐藤靖夫、系川正夫、加藤正雄、长谷川正、原外志男、大澄国一、鹈饲国光等。这群以林弥一郎为首的日本教官在3年多的时间里培养出160名飞行员。这批学员日后成为创建人民空军的骨干力量，其中23人参加了开国大典阅兵式，另有不少人在抗美援朝的空战中屡建战功。1986年"东北老航校"成立40周年之时，曾在老航校工作过的50名日本友人受邀来到北京、沈阳、牡丹江、通化访问。几位空军上将、中将、少将领导向他们的老师木暮教官郑重致以军礼问候。欢迎宴会上，木暮教官的学员、中国人民解放军空军副司令员林虎在致欢迎词时说："中国人民永远不会忘记日本朋友为中国航空事业做出的重大贡献。"

空军初长成——中华人民共和国成立初期苏联对中国空军的援助

解放战争初期建立的东北航校虽然是中国空军的摇篮，但限于它的

图6-7 东北老航校建厂初期

规模和条件，远远不能满足迅速建设人民空军的强烈需要。中华人民共和国成立前夕，中共中央仔细分析当时国际国内形势，决定以东北航校的干部、学员为骨干，向当时空军实力雄厚的苏联政府寻求援助，尽快建立一批航校。1949 年 7 月 26 日，中共中央电告正在苏联访问的刘少奇，请他在同斯大林会晤时提出向苏联购买飞机和装备，并请苏联派专家来华协助创办航校等请求。此事得到了斯大林的应允。8 月 13 日，中共中央与苏联政府达成如下协议：由苏联帮助中国创办 6 所航校（轰炸机航校 2 所、歼击机航校 4 所），卖给中国各型飞机 434 架，派出专家 878 名来华协助工作。中国空军建设的大幕就此拉开。

不久，先期来华的苏联专家与军委航空局的领导同志组成专门工作组，不辞辛劳，夜以继日地分赴各地进行实地考察，分析商讨建校的合适地点，最后经中央军委拍板确定了 6 所航校的校址：第一轰炸机航校在哈尔滨，第二轰炸机航校在长春，第一歼击机航校在锦州，第二歼击机航校在沈阳，第三歼击机航校在济南，第四歼击机航校在北京。各航

图 6-8　苏联援华的部分飞行员合影

校仅用了 50 多天时间全部筹建完毕，于 1949 年 12 月 1 日开学。在航校筹建工作全面展开的同时，大部分苏联专家在 11 月中旬陆续到达各航校担任飞行教员或航空理论教员，满怀热情地迅速投入教学第一线的紧张工作中。

掌握飞行技术首先必须学习和掌握航空基础理论知识，这对于那些刚从硝烟弥漫的战场归来、文化程度普遍较低的战士来说，无疑有点蜀道之难的意味。所以上课伊始，困难重重。《当代中国空军》一书中记述，学员们由于缺乏数理知识，对抽象的公式、定理和数学推导普遍感到摸不着头脑，更为麻烦的是苏联专家不懂中文，翻译人员又因不懂航空知识而译错内容。当时，不仅中国学员感到焦虑，苏联专家也是心急如焚。他们同中方一道，反复沟通，考虑解决之策，经过多方商讨，航校给每位苏联教员配备了一名翻译、一名中国助教，形成"三位一体"的教学组。授课时由苏联教员讲解，翻译当场口译，助教在旁听讲，发现有译得不准确的地方，及时予以纠正或补充。后来又改为由苏联教员先帮助中国助教备课，再由助教给学员讲课，苏联教员在场旁听，发现有不妥之处再行纠补。此法甚有成效，教学取得了较大进展，经过一个多月的航空理论学习，所有学员掌握了必备的基础理论。1950 年 1 月 16 日，第三航校首先试飞，到 2 月 6 日，其他航校也陆续试飞。在苏联教员和空军学员的共同努力下，学员很快毕业并转移到部队工作。

1950 年 10 月，中国应朝鲜政府的请求，做出"抗美援朝、保家卫国"的决策，迅速组成中国人民志愿军入朝参战。由苏联提供军事援助，培训中国空军。时间紧迫，一批批苏联空军顾问星夜兼程，赶赴中国，向中国空军传授作战经验并予以技术指导。《朝鲜风云——纪念朝鲜停战五十周年（上册）》一书里提到，1950 年 12 月 21 日，空四师二十八大队进驻安东浪头机场，在苏联空军顾问的帮助下，继续学习飞

图 6-9　　中国空军指导顾问克拉索夫斯基

行理论、技术和空战战术，熟悉喷气式歼击机的性能，同时利用美机活动间隙试飞，熟悉战区航线和地形。1951 年 1 月 21 日上午，二十八大队在平壤北击伤 1 架美机，1 月 29 日第二次空战，首创中国空军击落 1 架美机的纪录。继空四师之后，各部队相继进行军事演习并参与实战。沈志华主编的《俄罗斯解密档案选编》中载有 1951 年 6 月 28 日中国空军指导顾问克拉索夫斯基致电斯大林的文件，内容是向斯大林汇报他与毛泽东商谈的关于中国空军部队的训练问题。

双方认为用米格 -9 飞机培训出来的第 6、第 12 和第 14 航空歼击机师在派往前线前，必须进行米格 -15 飞机的改装训练。改装训练的期限确定为一个半月至两个月，以便这 3 个师能参加即将到来的朝鲜战争。当时按照中苏两国政府的协议，苏联陆续派出航空兵师到中国东北、华北、华东、中南等地区担负防空任务，同时继续帮助中国训练飞行员，组建航空兵部队，这些部队有的也参加了抗美援朝的空战。

根据资料统计❶，1949 年至 1953 年，中国从苏联引进和接收各型飞机 3600 多架，装备了 27 个航空兵师和 6 所航校。到 1953 年年底，空军航校共培训出飞行员 5945 名，机务人员 24000 余名，军事、政治、后勤干部 1396 名，为迅速、大批组建航空兵部队创造了条件。2000 年 2 月，空军一级战斗英雄、前空军司令员王海上

❶ 数据出处为秦长庚撰写的《建国初期苏联对中国空军的援助》一文，原文载于《航空档案》2010 年第 5 期。

将在《我的战斗生涯》一书中写道："没有苏联空军的大力支持，中国人民空军就不会发展得那么快，志愿军空军也很难取得如此辉煌的战绩。"

结语

强大的空军对于沙场作战和国家安全至关重要。不列颠战役是第二次

图6-10　抗战中苏联援军的空军志愿队

世界大战中规模最大的空战，战后英国首相丘吉尔曾对英国皇家空军说道："在人类征战的历史中，从来没有这么多人对这么少人亏欠这么深的恩情。"人民空军的建设从无到有，一路走来，着实不易。除了自身的坚定不移，我们不能忽视外国友人们所贡献的无私心力。从苏联顾问于大漠中培育的星星之火（新疆航空队）到东北航校这座由日本教官打造的空军摇篮，再到苏联教官于中华人民共和国成立初期协助筹建诸多航校以练训参与抗美援朝空战的中国人民志愿军等行动，在外国军人的倾力相帮下，人民空军规模不断扩大，力量持续增强，走向自主创新发展的荣耀之路。或许最初不是有意而来，又或许有着一份机缘巧合，但不同于只为金钱利益而前往别国军中舍身卖命的"雇佣军"，他们最终都对中国人民解放军的空军建设展示出一颗真诚热切之心，值得我们永远铭记。

历史探索

被钉在十字架上的四百年
——从《为奴十二年》看种族歧视

文 | 南京师范大学 汤怡枫

《为奴十二年》——浓缩的黑奴史

在第 86 届奥斯卡颁奖典礼上，改编自同名小说的影片《为奴十二年》无疑成了众人关注的焦点，获得了多项大奖。导演史蒂夫·麦奎因成功地通过男主人公所罗门的 12 年经历，为观众再现了 400 年的黑奴史，以独特的个人视角揭露了奴隶制度下人性的丑恶面，也展现了黑奴的自我励志。

如同西方学者评论的那样，这部影片"不仅仅是一次个人冒险，更多的是对南方奴隶制环境的敏锐观察"。导演麦奎因通过精心设计，对那段残酷、血腥且真实的黑奴

图 7-1 　电影《为奴十二年》官方海报

发展史进行了高度的还原、完美的浓缩。

影片中，黑奴所罗门的主要工作是收获甘蔗、砍伐树木、采摘棉花以及做各种家务劳动，这些场景的设置与历史高度吻合。据《美国黑人史》记载："（美国）1850 年生活在城镇的奴隶人数只有 40 万。其余约有 280 万是在农场和种植园劳动。其中大部分，约 180 万，又是在棉花种植园里，其他则主要从事烟草、稻谷和甘蔗的种植。因此，棉花农场或种植园就是黑奴的典型生活场所。"这说明美国黑奴的分布区域主要在南部的甘蔗园、烟草园和棉田里。至于黑奴的劳动强度，史书中也有记载："改种甘蔗后，黑奴的劳动强度也随之加大。一般是，天刚破晓黑奴就被赶到农场去了。除了半小时吃早饭和中午最热的两个小时暂时离开甘蔗地外，其余时间都在农场劳动。而那两个小时，也常常被挪用来干一些较轻的杂活。在收获季节，黑奴的劳动时间最长、劳动强度最

图 7-2　《为奴十二年》中戴着镣铐的奴隶与衣着光鲜的农场主

大，有时达 18 个小时，12 个小时在糖厂的锅炉房干活，外加五六个小时砍伐甘蔗。"为了表现黑奴在种植园里的劳动强度，影片中特意安排了黑奴采摘棉花的比赛。为了完成主人规定的每天 200 磅的采摘数量，病弱的黑人埃布拉姆累死在棉田之中。

三角贸易——黑人的"不归路"

影片中的男主人公是出生在纽约的自由黑人，因此影片并没有涉及黑人最初是如何来到这片大陆的。美国黑人受奴役、受压迫的历史可以追溯到 16 世纪。正如恩格斯所说，哥伦布发现美洲"奠定了贩卖黑奴的基础"。此后不久，美洲沦为欧洲的殖民地。西班牙在征服新大陆之初，惨无人道地杀害了无数美洲土著印第安人。为了更好地开发殖民地，解决廉价劳动力不足的问题，殖民者便开始鼓励从非洲向美洲输入奴隶。在这样的情况下，三角贸易大规模地展开了。

三角贸易分三段航程。欧洲人首先自欧洲国家的港口出发，到达非洲西部海岸后，以廉价的制成品及各种装饰品换取奴隶，甚至直接掠夺奴隶，称为"出程"。他们把奴隶从非洲运到美洲，同美洲交换矿产和农产品，称为"中程"。最后，他们把美洲的工业品原料和农产品运回欧洲，在欧洲市场出售，称为"归程"。这一"贸易"航线大致呈三角形，故称"三角贸易"。一次"贸易"航程通常需六个月，每一次航程都能赚取极大的利润。

三角贸易的前半段航程是最为残忍的。从非洲被掠的奴隶，在贩运到美洲以前，大致要经历三个阶段。第一阶段，从内地贩运到沿海集中地。奴隶贩子为了防止奴隶逃跑，会给奴隶戴上沉重的脚镣，也有的奴隶贩子让奴隶扛上几十千克重的商品，如象牙、兽皮、高粱、蜂蜜之类，找不到合适的产品时甚至会让他们背上一块大石头或一袋沙土。被掳的黑人们步履蹒跚，稍有不慎，就会遭到毒打。阿拉伯最大的奴隶贩子提普·蒂帕，曾拥有一支武装商队，掌握一千多支枪，把猎获的黑人从内地押到沿海，卖给欧洲殖民者。他由此成为拥有数百万英镑的富翁。

图 7-3 《奴隶贸易》 奥古斯特·弗朗西斯科·比亚德绘

第二阶段，到达沿海以后，黑奴被成串地牵往贩奴市场，集中接受欧美奴隶贩子的选购。

图 7-4 埃尔米纳城堡

买卖双方拍板以后，奴隶贩子就用烧红的烙铁在黑奴的臂上或胸前打上带有公司纹章的烙印，关进地牢，等待装船运往目的地。在几内亚湾，尼日利亚的旧都拉各斯、达荷美的威达、加纳的边角堡都是当年有名的奴隶贸易出口港。当时从各王国掳来的黑人，先集中到这些出口港，然后转往海外。现在，加纳国徽上的城堡即该国有名的埃尔米纳城堡，它是非洲大陆上最早的欧洲建筑，也是著名的"奴隶堡"。一旦被抓进这座堡垒，就只能从所谓"不归门"走出去——那里通向开往欧洲和美洲的贩奴船。

最后一个阶段就是装载贩奴船。在几个星期的大西洋航行中，每一条船都等同一座地狱。每个奴隶占有的"舱位"非常有限，一个紧挨一个，

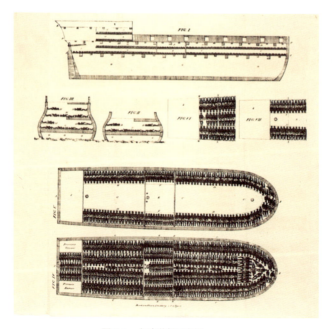

图7-5　奴隶装船示意图

很难动弹。在加纳首都阿克拉的博物馆里，还保留着一张"黑奴装船法"的平面图。图中，在长度宽度极其有限的底舱里，黑奴头顶脚、脚顶头，每层竟要装满180人，这是何等的折磨与虐待！这样挤塞的情况，若是遇见狂风暴雨，舱口密闭时，许多黑奴就被活活闷死在里面。卫生情况之坏自不待言，黑奴之间的病疫传染极快。

奴隶从被俘到最后横渡大西洋到达美洲，死亡数字十分惊人。1819年，法国贩奴船"诺都尔号"曾把39个在途中患眼疾而失明的奴隶丢入海中，船长的算盘是：这批瞎眼奴隶反正卖不出去，消灭以后，倒可以拿到一笔保险费。黑人历史学家杜波依斯认为，从非洲贩运五个奴隶，最多只有一个能活着到达美洲。英国著名传教士和探险家利文斯敦根据他在中非旅行时亲眼看到的情况认为，每输出一个黑人，就有十人死亡。就是这样，6000万名非洲黑人在300多年间被强行运过了大西洋。大部分人在大洋中被杀害或病死，几千万具尸骸在海底铺成了一条死亡之路；少部分人侥幸活命，到达彼岸。然而前方等待着他们的是无尽的屈辱、非人的奴役和艰苦的生活。

"西方世界的力量和肌肉"

金钱是万恶之源。奴隶贸易对欧美经济发展的影响是巨大的。为维护和促进西方各国的经济发展及所属种植园的利润，黑奴自始至终是十分重要的劳动力，被称为支撑"西方世界的力量和肌肉"。也正因为如此，奴隶贸易才能持续不断地发展壮大。

奴隶贸易使大量劳动力投入殖民地去生产工业所需的各种原料，这样就产生了同样为工业所必需的世界贸易。商业活动又使商业资本的积累不断加大，为工业革命创造了基本条件。加上奴隶贸易本身所获取的利润，三角贸易链推动了欧美的工业革命，并促进了交通运输等方面

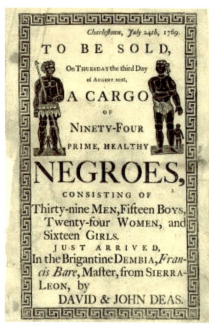

图 7-6 1769 年南卡罗来纳州一个奴隶拍卖会上的
广告

的发展。英国的利物浦、伦敦和法国的南特……几乎西欧每个城市的繁荣和发展都与奴隶贸易有关，奴隶贸易使西欧成为世界经济中心。

黑人对美洲的开发与经济繁荣更是做出了不可磨灭的贡献。在拉美，黑人开采了矿山，发展了庄园经济与种植园经济。黑人在墨西哥开采的银子比欧洲所有银矿的总产量多 9 倍，每年从墨西哥维拉克鲁斯州输出的银子占全世界总产量的 2/3。秘鲁利马的一位富翁为迎接总督光临，竟用银块铺了一条街。在北美，奴隶贸易奠定了美国的财政基础。美国的黑奴主要分布区域是在南部的甘蔗园、烟草园和棉田里。由于黑人奴隶终身为奴，其后代也是奴隶，具有供应充足、价格低廉和劳动强度可控等特点，他们成了美洲种植园经济发展的重要基础。奴隶制使南方得到开发，并在相当长的时间内对北方的发展起到了推动作用。

有一点容易被世人忽略，就是黑人对美洲文化发展所做出的巨大贡献。美国著名歌唱家和黑人斗士保罗·罗伯逊曾自豪地说过："即使在资本主义的美国，我们的歌曲也被许多美国人看成是'民族的骄傲'。"

非洲音乐对美洲民族音乐的影响是明显的，这一点连种族主义观念最顽固的白人也无法否认。号称"音乐之岛"的古巴，它的民间音乐就是西班牙民族音乐和黑人歌舞文化相结合的产物。由于长期与印第安人和白人混居生活，黑人的乐感更加丰富和开阔。在这个基础上，著名的

图 7-7 19 世纪初的一幅画中描绘的被卖到巴西的黑人奴隶

哈瓦那舞曲、探戈舞曲、桑巴舞曲等诞生并在美洲大陆和世界其他区域广为流传。

黑人音乐是美国民族音乐的重要基础。在早期奴隶生活的苦难岁月里，黑奴所能做的只有劳作，跳舞是在偶尔为主人们助兴时进行的，而唱歌几乎是整个奴隶制时期黑人奴隶唯一一种可以自由进行的活动，因为它不防碍劳作的正常进行。《为奴十二年》中，一开场出现的黑奴站在田地里的群像，便是一幅时代感极强的画面，黑奴们哼唱歌谣，在田间劳作，靠歌声抒发心中的悲愤。对美洲音乐影响最大的爵士音乐就是继承黑奴的散拍舞音乐和黑人的怀乡怨歌演化而来的。初期的爵士音乐在当时美国极端种族歧视的社会里毫无地位可言，但是由于其自然而发的强烈节奏感，活跃又有生气，深受大多数美国青年的欢迎，最终成为世界性的流行音乐。

图7-8　电影开场黑奴站在田地里的群像

"被钉在十字架上的 400 年"

　　长达 400 多年的奴隶贸易，使西欧、北美成了资本主义发展的先进地区，拉美的经济也有了相当快的发展，但非洲在政治上失去了独立，在经济上畸形发展，甚至带来了民族之间的相互斗争。有人认为，这是人类历史上最丑恶、最残暴、最可耻的一页。塞内加尔前总统桑戈尔称这是非洲人"被钉在十字架上的 400 年"。

　　四个多世纪的奴隶贸易，非洲人总共输出和损失了多少，我们难以具体得知。但是世界各国的历史学家对奴隶贸易持基本相同的看法，他们认为奴隶贸易至少夺走了一亿非洲人的生命。根据联合国公布的资料，1650 年至 1850 年这 200 年间，非洲人口处于同一水平，甚至有所减少，这是人类历史上前所未有的。荷兰地理学家奥尔费特·达珀尔曾说，贝宁城市的清洁整齐"绝不比荷兰人差"。然而，由于人口锐减，用地荒芜，城镇、村落成为废墟，贝宁、安哥拉及刚果地区面目全非。奴隶贸易使非洲经济衰退，社会生产停滞不前。

　　奴隶贸易的另一个严重后果就是加深了非洲族群和部落间的隔阂、分裂和敌对。奴隶贸易以前，非洲有些王国已经出现了比较繁荣的文化，各部落之间互相尊重，和平相处。伊本·巴图塔在他的著作中记述马里的社会风尚时指出："黑人很少不公正的，他们对于不公正的事深恶痛绝，甚至胜于任何其他民族。"

　　在奴隶贸易中，这些地区完全变了样子。"以非制非"的诡计导致非洲人内部互不信任。各部落之间相互厮杀，任何人都可捕捉他人发财，任何人都有被他人捕捉卖掉的危险。为了防止自己被捉，非洲人不敢单独外出，有人被捕捉求救也不敢前去帮忙。武器对非洲人来说变得非常重要。但若要得到武器，摆脱自己的厄运，就得出卖同胞，每个人、每个部族、每个国家都是如此，达荷美国家的建立就是基于这样的动机。为了保卫自己的民族不受侵犯，该国在出卖别的非洲同胞的基础上发迹。非洲长期四分五裂，族群多如牛毛，究其原因，除了经济、社会和自然条件外，几百年的奴隶贸易也是重要原因之一。

欧洲人不仅煽动部落之间的互相争斗，而且在肉体上对奴隶进行惨无人道的摧残。在三角贸易中，奴隶往往要被拍卖数次，像牲口一样被拉来拉去，完全没有人的权利和尊严。我们难以想象，在那样一个时代，一向以"启蒙""文明"自居的西方人怎么能够接受自己做这样惨无人道的事情？文艺复兴以来，伴随着人文主义思潮的兴起，出现了鼓励人们发家致富、反对禁欲苦行的思想。在高额利益的面前，本就重视商业的西方人再也按捺不住。为了减轻自己的负罪感，他们为这丑陋的行径找了一个"正当"的理由。欧洲有不少人制造出"黑人天生低人一等"的说法。德国生理学家托马斯·舍梅林声称，非洲人是生性"适于充当别人的奴隶"，是"能够逆来顺受的人"。荷兰医生凯珀也说，欧洲人不仅在身体上，而且在智力上，都要比非洲人高一等。他们

图7-9　图画中被白人带到市场上交易的黑人奴隶

甚至以宗教为工具，肆意解读《圣经》，为自己鞭打奴隶寻找借口，并为黑奴洗脑，以便更好地控制他们。

"地毯下的故事"

影片《为奴十二年》中对白不多，没有画外音，对于表达人物心理活动的场景，采取了慢得让人感觉折磨的节奏。但恰恰是这种节奏，给了观众无限的想象空间和情感的冲击力。

影片中，最为精彩的部分是在所罗门意识到自己被骗，在牢房小窗口前呼救的场景。这是一个长达 24 秒的镜头，华盛顿大部分面貌呈现在观众眼前，国会大厦的椭圆顶在一片灰色建筑中尤为显眼。当镜头定格在国会大厦时，没有任何的画外音，只有所罗门一遍又一遍无力的求救声。华盛顿作为美国首都，男主人公，一个自由黑人却在这里被诱拐关进奴隶场，这与美国宣扬的"自由与平等"可谓背道而驰。在这一刻，观众们视觉与听觉的反差形成了最强烈的对比。

也许有人不解，在黑奴制度被废除这么多年后的今天，拿出这段历史不过是唤醒美国南北方的痛苦记忆，为什么还要拍？导演麦奎因曾在专访中提道："这样的事还是不断在发生，过去和现在都是。这是个被扫到地毯下的故事，是时候该有人把地毯掀起来给大家看看了。"

作为一个建立在自由、民主、

图 7-10 18 世纪晚期的反奴隶制的图画，上面写着："难道我不是一个女人，不是姐妹吗？"

平等基础上的国家，美国自建国以来始终努力营造着种族多样、文化多元、包容开放的移民国家形象。然而无论从内政还是外交来看，当今美国社会的深处仍存在白人优先的问题，白人基督徒的利益仍被视作这个国家的根本所在。也正因如此，在南北战争结束的百年之后，人们仍然需要不断被唤醒，需要像导演麦奎因这样勇于掀开"地毯"的人。他用《为奴十二年》中那个历经艰辛，追求自由、尊严的黑人的呐喊——"我不想只是生存，我想要活着"，激励了身处不同时代、不同地域的那些崇尚人性、追求尊严的人们，为了自由与平等而奋斗！

北海彼岸的"大宪章"：
丹麦的实践

文 | 华东师范大学　汪枫

　　英国的《大宪章》久负盛名，相关著述可谓汗牛充栋。值得注意的是，这种"宪章"并非英国独有。就在约翰王签署《大宪章》的同一个世纪，与英国隔北海相望的丹麦也诞生了类似的文件——《约束宪章》。虽然相比之下，后者的确没有那么多绚丽的光环，但通过介绍丹麦版的"大宪章"，我们可以放宽视野，以一个新颖的视角更全面地了解中古欧洲的政治和法律状况。

国王的困境

① 飞地：一种特殊的人文地理现象，指隶属于某一行政区管辖但不与本区毗连的地区。

　　让我们从"胜利之王"瓦尔德玛二世（1170 年至1241 年在位）讲起。这位丹麦国王的名字读起来就有一种进行曲般的力量感，他曾对爱沙尼亚发起"十字军"征伐，使之成为丹麦的飞地①；他扩张到了德意志，曾据

图 8-1   《丹麦的旗帜·1219》中描绘的"瓦尔德玛"战役   克里斯汀·奥古斯都·洛伦岑绘

有波罗的海南岸，这是丹麦历史上绝无仅有的成就。

　　他被视为幸运之人，农民主动要求国王骑马跨过田野，希望沾上他的运气。古今历史学家通常认为瓦尔德玛时代是个盛世。遗憾的是，瓦尔德玛在德意志的冒险导致了他最终的失败。1223 年，北德的什末林伯爵绑架了瓦尔德玛，迫使他放弃了在波罗的海南岸的成果。瓦尔德玛获释后，企图恢复往日的荣耀，但在 1227 年的博恩赫费德战役中，这位"胜利之王"与胜利无缘。此后，瓦尔德玛明智地把注意力从国外转移到国内，为后世留下了一部《日德兰法典》。瓦尔德玛与英国历史上的狮心王理查有些相似之处，他们都领导过"十字军"，都曾沦为阶下囚，他们都坚强勇敢，充满传奇色彩。

瓦尔德玛死后，其子埃里克四世（1241 年至 1250 年在位）登基。埃里克四世的弟弟阿贝尔与克里斯托弗心怀异志，兄弟俩无情地洗劫着对方的领地，1248 年，连哥本哈根也难逃此劫。埃里克四世还想效法父亲，发动对爱沙尼亚的远征，为此对王国中的每一个犁铧征收"犁地税"。在斯坎讷地区，此税遭到了强烈抵制，数名官员被当地人杀死。埃里克四世弭平叛乱后，不仅继续收税，还要求当地人支付巨额罚金。

图 8-2　埃里克四世像

然而，自信满满的埃里克四世没有料到，自己会突如其来地丧命于阿贝尔的党羽之手。

阿贝尔（1250年至1252年在位）本人如愿以偿地当选为国王，但他有当国王的运，却无当国王的命。仅仅两年，他就在一场战斗中撒手人寰了。后被选上王位的是克里斯托弗（1252年至1259年在位）。总的来看，阿贝尔和克里斯托弗政绩平平，他们曾打算制定法令，主要处理针对国王的犯罪，增加了相关罪行的数目，扩大了囚禁嫌犯的权力。不过，这些法令由于缺乏贵族的支持，很可能根本没有颁布过。

克里斯托弗在位时，国王与教会的斗争也激化了。新任隆德大主教雅各布·厄兰森家境雄厚，行为跋扈，是国王的坚定反对者。他打着维护信仰的旗号，追求个人的利益。克里斯托弗召开会议质询雅各布，雅各布针锋相对地召集了教士会议，宣称"如果王国内的任何主教，由于国王或贵族的命令、纵容、许可而丧失生命、自由或肢体，或承受其他残酷的伤害，王国内的圣事就应当中止"。克里斯托弗大怒，取消了先王们赐给隆德大教堂的豁免权。雅各布为了报复，煽动民众造反。几番较量之后，克里斯托弗失去了耐心，直接将雅各布逮捕下狱，此举果真导致了丹麦多地宗教活动的中止。1259年，国王暴毙，坊间传闻是被僧侣鸩杀。

新国王埃里克五世（1259年至1286年在位）此时仅有10岁，由母亲玛格丽特辅佐。先王留下来的烂摊子无情地压在这对孤儿寡母的身上。石勒苏益格公爵、吕根岛邦君联合教会流亡势力发起对丹麦王国的进攻。在奈斯特韦兹（位于西兰岛）战役中，王室军队大败，阵亡万余人，罗斯基勒主教甚至拒绝为死者举行葬礼。西兰岛惨遭蹂躏，哥本哈根岌岌可危。幸好吕根岛邦君在1260年身亡，国王才有了喘息之机。作为妥协条件，国王释放了雅各布。

正所谓"江山易改，本性难移"，事实证明，释放大主教不啻放虎归山。当时，国王与石勒苏益格公爵的战争还在继续。国王又一次失败了，埃里克五世及其母亲双双被俘，埃里克五世被囚禁在阿尔斯岛长达三年，这真是奇耻大辱。从小目睹政治残酷的君主，有可能成长为颇有魄力的大人物，但埃里克五世没有。他斗不过老辣的雅各布，最后决定赔偿大主教 1.5 万马克白银来平息此事。圣事在 1275 年得以恢复，此时距离最初执行宗教禁令已有 18 年。在此前一年，雅各布去世；再前推两年，石勒苏益格公爵去世，留下了两个尚未成年的孩子。如此看来，埃里克五世的"成功"在于他比两大对手活得更久。

图 8-3　埃里克五世像

1282 年宪章

瓦尔德玛二世时代的文治武功很大程度上要感谢国内贵族的合作与教会的支持，瓦尔德玛本人的威信和才能亦能有效维持这种和谐关系。在他死后，平庸和弱势的国王辈出，而僧俗贵族的力量又在继续上升。就像深层的病因会表现出外在的症状一样，这种政治实力对比的扭转也会以明确的方式表现出来。

埃里克五世遗憾地发现，贵族并不是他能够驾驭的。结合各种资料来看，双方的冲突可能是因为埃里克五世获得了石勒苏益格公爵之子的监护权，导致那些与公爵相勾结的贵族们失去了靠山，不得不亲自出手；也可能是因为埃里克五世在继承人问题上刺激了贵族；也可能是国王想制定更严厉的制裁贵族的法令。无论如何，这些都只能算近因。贵族与国王间的实力变化不是埃里克五世一人造成的，而是经历了一个过程，可惜其结果却要由埃里克五世来承担。1282年的尼堡会议上，贵族逼迫国王签署了丹麦的第一部"宪法"——《约束宪章》。

《约束宪章》是丹麦最早由官方阐述政治权力分配的文件，它的丹麦语所用词字面意思为"缚手"。它规定国王应该每年召开一次国家会议；除非自愿认罪、合法宣判、被抓现行，任何人不得被囚禁；无论所犯何罪，无法律规定，任何人不得被没收财产；未经合法审判，不得施以罚款；丹麦教会应该享有特权。这些条款与英国《大宪章》多有共鸣，不排除受过后者影响的可能性。

1320年修改后的《约束宪章》仔细设计了国王对四等级（教士、世俗贵族、市民和农民）所负有的职责，而诸等级对国王应尽的职责却鲜有提及。新国王接受了宪章，等正式上台后就把它扔到了一边。从1440年至1648年，它是新国王得到承认的正式条件。需要说明的是，每个国王签署的《约束宪章》内容并不是一成不变的，宪章具有"与时俱进"的特点，但它们要求国王与贵族合作、限制国王胡作非为等核心精神都是一致的。

传统与现实

1282年宪章的诞生无疑具有深远的社会背景。13世纪以来，丹麦的社会结构开始出现变化。我们可以把早先的土地所有者粗略地分为贵族和小农两类。

贵族人数不多，但建立了庞大的地产和庄园，通过土地和特权获取政治影响力，也构成了军队的支柱。但他们并非一个有着共同目标的整体，其内部也有地位和利益的差别，与在位君主的关系有好有坏。很多神职人员来自贵族，并可以凭借其掌握的文化知识承担某些世俗职务，于是这群人理论上既要为教会服务，又要效忠国王，还要维护家族利益。小农的"小"是相对贵族而言的，他们的力量虽然不如贵族，但有着不错的经济水平，能够参与公共事务。除了这两类人外，还有无地农民以及在史料中零星可见的奴隶。

然而，丹麦的对外政策和内部社会逐渐发生了变化。

先来看看对外政策。在维京时代，丹麦人主要从海上对不列颠进行扩张。进入 11 世纪后，维京人的狂暴已经化为历史的记忆。到了克努特六世（1182 年至 1202 年在位）和"胜利之王"瓦尔德玛时期，丹麦多次在德意志用兵，增加了对欧洲大陆的兴趣。但是在欧洲大陆，丹麦

图 8-4　维京时代的日常生活

军队的对手是全副武装的骑士，有必要在装备、战术等方面与时俱进。骑士的那一套装备不是一般人可以承担的，因而贵族化的骑士，而非传统的农民兵更能迎合国王的需求。随着经济差距的拉大以及税收、继承制度的变更，丹麦国内很多小农迫于生计或者为了寻求保护，逐渐依附于地主贵族。换言之，财富的集中化加重了。

正如学者佩尔·安德生所言，在1282年的宪章中，我们能看到"基于新的社会现实上的权力关系的第一个公开迹象"。然而，与《大宪章》一样，《约束宪章》的具体条款并没有多少破天荒的创新，很多权利或特权贵族早已享有，还有一些条款来自瓦尔德玛时期的法律。根据传统，国王继位时也要做出不侵犯臣民权利的口头承诺。《约束宪章》的贡献就是将很多早已存在的条目明确下来，并书写成文。既然如此，我们不妨了解一下丹麦的政治传统。

在中世纪甚至更早的时代，丹麦存在着一种民间的议事会（音译为"庭"）。议事会有立法、司法之权，甚至能废立首领或国王。不仅是丹麦，中古的挪威、瑞典、冰岛都有同样的机构。对古代北欧怀有浪漫主义情感的人，往往会从这些传统中搜寻今日"北欧模式"的滥觞。在丹麦，国王由区域性议事会推选，在立法上并无全权。进入中世纪盛期，王权的扩张成为大趋势，基督教"神授君权"的观念也在强化，这些新变化与旧传统以此消彼长的形式奇妙地共存着。

在丹麦，国王最早就社会问题而立法据说发生在1200年，即克努特六世规定禁止血族仇杀。1200年后，君主参与立法被视为必要之举，《日德兰法典》在形式上又确立了一个原则：国王提议，人民批准。在王位继承问题上，君主多次试图将长子继承制永久确立下来，但受到了坚决的抵制。选君制的形式在丹麦一直保留到了1660年。一方面，由于议事会的存在，中古丹麦散发出了一丝"民主"气息；另一方面，议事会逐渐被架空，直至消亡。然而，正是由于限制君权的传统，再加上埃里克五世自己不争气，贵族们逼迫他签订《约束宪章》的阻力就小得多了。

1282 年后的故事

可惜的是，对埃里克五世个人而言，一纸文书既没有把他和贵族间的矛盾画上句号，也没能阻止政敌将他的生命画上句号。1286 年 11 月，埃里克五世外出狩猎。在一个风雨交加的夜晚，他宿于一个简陋的谷仓。当他入睡之后，一伙不速之客将其杀死，尸体上有 56 处伤口，下手不可谓不狠毒。

对于丹麦王国而言，《约束宪章》也未能保证其政治的稳定。新王埃里克六世（1286 年至 1319 年在位）期间，不胜其烦的政教之争又开

图 8-5　《杀害埃里克五世的凶手们》 奥托·巴赫绘

始了。更糟糕的是，这个国王还爱慕虚荣，不惜借钱来满足自己钟鸣鼎食的生活。等到他去世时，国家财政已经崩溃，国内和平已被破坏。丹麦贵族与德意志贵族互相勾结，把国家弄得分崩离析。在克里斯托弗二世于 1332 年去世后，丹麦王位竟然出现了长达八年的空位期。直到绰号为"新黎明"的瓦尔德玛四世上台，丹麦才得以重新振兴。不客气地讲，埃里克五世死后的半个多世纪，是丹麦历史上最混乱、最危险的时期之一。有趣的是，英国的历史也呈现出大致类似的步调：《大宪章》签署后，约翰王和亨利三世仍然与贵族发生过武装冲突，国无宁日，而之后的爱德华一世在英国的地位又与瓦尔德玛四世在丹麦的地位相类。不同的是，丹麦的"爱德华一世"出现得太晚了。

　　《约束宪章》没有也不可能带来真正意义上的民主，它向来是贵族的宪章。不仅如此，跟英、法等国一样，近代丹麦也经历了一段绝对君主制的时期，这是一张薄薄的宪章所无法阻止的。这段君主专制时期于 1660 年由腓特烈三世开启，直到 1848 年，在欧洲革命浪潮的冲击之下，丹麦才建立了现代意义上的君主立宪制，我们很难说这种制度在多大程度上受到了 1282 年宪章的影响。

雄哉，钓鱼城！

文 | 江苏省教育科学研究院　刘克明

　　说起钓鱼城，可能大家不会太在意，因为在中国历史上，与钓鱼有关的建筑与地名很多，如姜太公钓鱼台、庄子钓鱼台、屈原钓鱼台、韩信钓鱼台等。重庆合川钓鱼城知道的人虽然不多，但它在历史上的分量却不轻。

钓鱼城的创建

　　重庆合川钓鱼城位于钓鱼山，因山而名城。

　　在长江上游、重庆合川区城东 5 千米处，嘉陵江、涪江、渠江三条河流对这里的土地形成了半包围状态，使这里出现了一个半岛，钓鱼山就坐落在这个半岛上。钓鱼山山势陡峭，倚天拔地，雄峙一方，山上却平坦如砥。这种山形地貌，决定了钓鱼山在特殊的历史背景下可以扮演重要角色。

　　钓鱼山的名字由来，与巴蜀一带的一则传说有关。相传远古时期，三江泛滥，附近百姓逃到这座山上避难，日久无食，民众眼看就要饿死了。忽然有一天，巨人从天而降，站立在山巅的巨石上，持长竿从江中

图 9-1　钓鱼城

钓起鲜鱼无数。灾民得救了，钓鱼山的名字也由此叫开了。后来，生活在附近的人们喜欢钓鱼山的雄奇风光，在这里或修庙刻像，或浅饮题词，钓鱼山名虽不显，但颇得文人雅士的青睐。

13世纪之前，可能谁也没有想到，默默无闻的钓鱼山会被推到历史的前台。13世纪，蒙古族雄霸天下，在成吉思汗时已建起了东临日本海、西抵黑海、南达黄河、北越贝加尔湖的大蒙古国。南宋的锦绣江山是蒙古族继续扩大疆土的重要目标之一。为此，蒙古铁骑北踏中原，南征云南，逐渐形成对南宋的侧翼包抄之势，他们计划夺取巴蜀，然后顺江东下，最终占领江南。

形势危急，一些有识之士把抵御蒙古军队进攻脚步的节点定在川渝一带。余玠就是众多有识之士中的一员。余玠是分宁（今江西修水）人，侨居蕲州广济县（今湖北蕲春东北）。他入仕后，曾在各地多次打败蒙古军。宋理宗淳祐三年（1243），余玠就任四川安抚制置使、四川总领兼夔州路转运使，全面负责四川防务。

　　担任四川安抚制置使的余玠，已经成长为一位极具战略眼光的军事将领。鉴于当时的战略形势，余玠认为宋蒙之间的大战在所难免。作为南宋富庶之地的四川，不仅战略位置重要，经济地位也很重要，当时南宋每年的财赋收入有将近三分之一来自这里。余玠认为，蒙古发动对南宋的战争，其战略初期阶段的优先选择必然是攻蜀。因此，在巴蜀建立坚固的防御体系刻不容缓。

　　余玠就任之时，正好遇到蒙古大汗窝阔台病逝。由于事出突然，蒙古族内部出现了汗位纷争，蒙古暂时无暇全面部署对南宋的大规模战争。这使得南宋获得了一段短暂的休整和调整防御部署的时间。余玠利用这一难得的机遇，在政治、经济和军事方面采取了一系列措施。其中，在

图 9-2　合川钓鱼城钓鱼台

军事上最重要的举措就是创建了山城防御体系。具体来说，就是采取依山制骑、以点控面的战略，先后在青居、大获、钓鱼、云顶（今四川南充南、苍溪东南、合川东、金堂南）等处修建了 10 余座山城，并迁郡治于山城中。钓鱼城就是这一山城防御体系中的一处重要城池。

其实，早在南宋嘉熙四年（1240），四川制置副使彭大雅就注意到了钓鱼山，并在山上筑寨。但真正大规模地在钓鱼山建城，始于余玠任职期间。余玠在钓鱼山筑城，主要采纳了播州（今贵州遵义）人冉琎、冉璞兄弟的谋略。冉氏兄弟为饱学之士，他们认为"蜀口形胜之地，莫如钓鱼山"，建议迁徙合州城至钓鱼山，以积蓄粮草，保全西蜀。余玠采纳了这个建议，任命冉氏兄弟负责钓鱼城修建工程。在冉氏兄弟的努力下，钓鱼城初步构建了坚固的山城，成为保卫四川西部的重要屏障。余玠之后，守将王坚和张珏在此前构筑钓鱼城的基础上，进一步加强了钓鱼城防御体系的建设。经过多次修建，钓鱼城成为一座兵精粮足的城池。也正是余玠修城之后不久，钓鱼城在几十年间历经大小数百余次战斗，固若金汤的城池为赢得胜利提供了坚实的保障。

上帝折鞭钓鱼城

在钓鱼城发生的众多战斗中，最引人注目的莫过于蒙古大汗蒙哥率军攻打的那一役。

南宋淳祐十一年（1251），成吉思汗之孙、拖雷之子蒙哥成为蒙古大汗，是为元宪宗。元宪宗经过几年的准备，于南宋宝祐五年（1257）春下诏，令"诸王出师征宋"。蒙哥雄心勃勃，挟征伐当时欧亚大陆的威势，试图再创辉煌，吞灭南宋。正如余玠预料的那样，这次大规模的征宋战争初期以长江上游的川渝为重点。蒙古军队兵分三路，一路由蒙哥的弟弟塔察儿（后改由忽必烈任统帅）率领，进军京湖；一路由兀良合台统率，自云南入广西北上；一路由蒙哥亲率 4 万主力部队，进攻四川。根据计划，在主力军夺取西蜀后，三路会师，顺流东下，直捣临安。

蒙哥所率大军的进攻一开始非常顺利，由陇州（今陕西陇县）入大散关，进至汉中，在不到 10 个月的时间内就攻占了川蜀一带约 2/3 的地区，只剩下重庆府沿江以下数十州县仍在抵抗。

蒙哥深知，要拿下剩下的 1/3，攻取钓鱼城是关键。因此，他很快率领蒙古大军兵临钓鱼城下。此时，钓鱼城的守将是王坚，他手下只有正规军 4000 余人，加上民兵，总兵力只有 2 万余人。与号称 10 万的蒙古大军相比，双方兵力相差较大。王坚和守军利用钓鱼城坚固的防御工事拼死抵抗，此前所向披靡的蒙哥未能得逞。

蒙哥改变策略，派南宋降将晋国宝到钓鱼城招降。王坚严词拒绝，并将晋国宝斩于阅武场，命人将其头悬挂在城头上，表明了城内百姓与蒙哥血战到底的决心。蒙哥大为恼怒，率领蒙军汪德臣、汪维正等 80 余名骁将及数万军队连续不断地对钓鱼城发起攻击，并派兵夹江而阵，封锁江面，切断钓鱼城与外界的联系。

王坚及守城军民毫不畏惧，用大炮轰击、抛投火药铁雷、射箭、抛石等方式一次次击退蒙古军队对钓鱼城发动的凌厉攻势。在王坚统率下，钓鱼城军民还不时利用夜间出门突击，袭扰蒙古军。这使素以机动灵活、凶猛剽悍著称的蒙古军队防不胜防。蒙古军伤亡惨重，但未能越"雷池"一步。

战争从南宋宝祐六年（1258）十二月一直进行到第二年六月。此时，四川暑热潮湿的气候开始发威，蒙古军队严重不适，"军中大疫"，士气低落。于是，有人向蒙哥提议，绕过钓鱼城，直接东下攻打南宋京城临安。蒙哥认为，堂堂的蒙古大汗，如果不能征服钓鱼城这个弹丸之地，愧对国人，拒绝了放弃攻打钓鱼城的建议，转而亲自督战，对钓鱼城发起了更加猛烈的轮番攻击。

钓鱼城发生战斗期间，南宋四川制置副使兼重庆知府吕文德曾率领舟师展开救援行动，但增援钓鱼城的宋军在嘉陵江黑石峡为蒙古军队所阻，未能进抵钓鱼城下。尽管如此，由于此前准备充分，被围困达数月之久的钓鱼城依然物资充裕，守军斗志昂扬。

南宋开庆元年（1259）六月初，蒙将汪德臣率军乘夜登临钓鱼城的外城马军寨，并单骑进逼镇西门喊话招降。话音未毕，汪德臣就被钓鱼城城内抛出的炮石击中，身负重伤，回到营地缙云山寺不久就伤重死去。蒙哥闻讯，扼腕叹息，如失左右手。蒙哥横下一条心，于七月初亲临钓鱼城下督战。

这年合州自春至秋半年无雨，蒙哥为探钓鱼城内的虚实，派人在与钓鱼城新东门对峙的脑顶坪上筑台，建望楼，楼上接桅杆。一天，蒙哥

图9-3　合川钓鱼城飞石击伤蒙哥的炮台

率军将督战于望楼下，派人爬上桅杆瞭望侦察钓鱼城。高度警觉的王坚发觉后，下令用火炮轰击脑顶坪，蒙哥"为炮风所震"，被击成重伤，护送回大营。

智勇双全的王坚此时进一步向蒙军展开心理战。他率领军民把许多鲜鱼面饼投掷到城下，并附信送给蒙哥："尔北兵可烹鲜食饼，再守十年，（城）亦不可得也。"蒙哥看信后，愤激至极，伤痛迸发，下遗诏道："我之婴疾，为此城也。不讳之后，若克此城，当赭城剖赤，而尽诛之。"不久，蒙哥殒命。在古代典籍中，关于蒙哥的死时、死地、死因众说纷纭，成为历史上一个难猜的"谜"。

蒙哥战死于钓鱼城后，蒙古族又开始了汗位的争夺。征蜀的蒙古军队除留下3000人牵制钓鱼城守军外，其余部队在蒙哥之子阿速台率领下北撤。正在鄂州（今湖北武昌）激战的忽必烈听闻哥哥的死讯，立即撤军北回。进攻长沙的塔察儿亦班师还朝。正率军进行第三次西征的旭烈兀本来正与埃及马穆鲁克王朝作战，得知消息后也迅速率军东还，只留下少量军队继续维持战局。

蒙哥之死，使得世界局势出现了明显变化。对于南宋来说，蒙哥之死，宣告了钓鱼城之战的重大胜利，宋廷于当年九月宣布"合州解围"。钓鱼城之战的胜利，暂时扭转了战局，阻止了蒙古军铁蹄急速南进的步伐，使南宋的灭亡延迟了二十多年。对于世界来说，蒙哥之死，终止了蒙古大军向西南的征伐扩张，使众多国家免遭铁蹄的践踏。经过长期激烈的内部斗争，蒙哥之弟忽必烈坐稳大汗宝座之时，蒙古军已无力再度远征。蒙古族建立横跨欧亚非的世界庞大帝国之梦随风飘逝，世界格局由此改变。如果蒙哥没有死于钓鱼城下，世界历史恐怕会是另一番模样。正因为如此，欧洲人谈及钓鱼城时，常说"上帝之鞭折此城"，中外历史学家因此称钓鱼城为"上帝折鞭处"。作为历史重要转折点，钓鱼城之战被永远地载入史册。

钓鱼城寻古

　　钓鱼城之战的烽火早已烟消云散，但作为宋元时期创造中外战争奇迹的古战场，钓鱼城吸引了大量的仁人志士流连怀古、吟诗赋词。今天，钓鱼城仍保存有城门、城墙、兵工作坊、军营设施、水军码头等遗址，还建有忠义祠、"独钓中原"牌坊等纪念性建筑。元、明、清三代遗留的大量诗赋辞章、浮雕碑刻，更为悲壮的钓鱼城增添了浓郁的文化气息。

　　笔者曾两次到钓鱼城寻古，第一次寻访是在春季一个细雨蒙蒙的日子。春季尚带寒气的风雨使钓鱼城显得朦胧，也使通往钓鱼城的江边道路显得冷落寂静。在这片寂静中，笔者遥想当年古战场的喧嚣。

图 9-4　嘉陵江畔依崖而建的钓鱼城城墙

图 9-5 钓鱼城始关门

临江而峙的钓鱼山高大险峻，草木茂盛。沿山道崎岖的石阶爬行不久，就来到了"始关门"，这是钓鱼城的第一道关门，石砌城门依崖而建，沧朴古老，大有"一夫当关，万夫莫开"的气势。关门后的山岩上有不少摩崖石刻，郭沫若的题词格外引人注目。再往上走，就遥遥看见威严的护国门，这是钓鱼城南面的第二重门，也是最宏伟的一道门。隘口上方有"护国门"门额，书体遒劲壮观。护国门右傍悬崖峭壁，左临万丈深渊，气势非凡。据说，当年进出护国门全靠栈道，作为扼守钓鱼城交通的重要孔道，这里采取了"过河拆桥"的方式，即外出时放下栈道，返回后收起栈道，这使当年蒙古军队望门兴叹。护国门附近，宋蒙双方经历了上百次惨烈的战斗，门始终未被攻破。护国门上建有城楼，登临此楼，但见山树相间，苍苍茫茫。

　　穿过护国门，就进入钓鱼城的中心区域。城墙系条石垒成，紧贴着山体修建，非常坚固。城墙上有瞭望孔、炮台口，居高临下，易守难攻。沿山崖蜿蜒的城墙一路前行，可抵达东新门。东新门是当年蒙古军队进攻的主要方向，因为钓鱼城三面临水，只有这里是陆地，便于蒙古军发挥其陆战优势。东新门是一道拱形石城门，门前有一条石梯通往山下。此门的城楼现在已破败不堪，但当年这里是宋军的防御重地。在这里可以清晰地看到对面高耸的脑顶坪——蒙哥被飞炮击伤处。当年击伤蒙哥的炮台，如今仍留有遗址。当年，面对不可一世的蒙古大汗，钓鱼城军民在此安置巨炮，遥击蒙古军队，"樯橹灰飞烟灭"间，历史的进程得以改变。略显沧桑的钓鱼城，因为这场战斗的发生，显得格外雄浑悲壮。

图9-6　钓鱼城护国门

图9-7 合川钓鱼城兵工厂遗址

钓鱼山四周为垂直的峭壁，山顶却平坦宽阔。这是这一带特殊的地质地貌造成的：钓鱼山由四川盆地红色丘陵的砂岩层构成，在长期的风化侵蚀中，这些砂岩层多残留在山丘顶部，形成山顶平阔、四周峭壁的方山。砂岩层是良好的含水层，凿井取水不是难事，因此，平阔的山顶也适于农耕，可屯田自给，这就为这里建立长期固守的军事要地提供了优越条件。可以说，钓鱼山是适合凭险据守的天设之地。

当然，特殊的地貌和坚固的城防只是钓鱼城能固守的一个重要方面。钓鱼城防守能取得胜利，起决定作用的是南宋将士和全城百姓。宋蒙战争中，南宋一方在总体上一直处于守势，但在王坚、张珏等将领的率领下，全城军民众志成城，才成功地阻滞拦截了蒙古军队的疯狂进攻。

钓鱼城一开始驻有数万军民，建有大量军事和生活设施。南宋祥兴二年（1279）王立开城降元之后，元军对这一系列设施进行过大肆破

图9-8　钓鱼城古军营营房

图9-9　钓鱼城古军营门楼

坏。尽管如此，钓鱼城仍是我国迄今为止保存得最为完好的古战场之一，8000米的城垣、8座城门和一些炮台得以保存，兵工作坊、水军码头、军营等设施遗迹仍然得见。

兵工作坊又称九口锅遗址，据说是目前可见中国最早的兵工厂遗址。九口锅遗址面积近1000平方米，在平坦的山石上遗留有圆柱和锅形凹坑。这里是当年钓鱼城军民碾磨火药原料和制作兵器的地方。由于形状像九口锅，故称为"九口锅"。如今，锅形凹坑积满了水，貌不惊人，但当年正是这里生产的火药震殒了蒙哥，使钓鱼城永载史册。

水军码头位于钓鱼城下南北两面的嘉陵江边，当年这里是作为停泊艨艟、走舸、斗舰的码头。嘉陵江是当年训练水军的场所，水军码头是钓鱼城的重要水上出入口。码头用大条石砌成五个台阶，十分牢固。这处水军遗址几经嘉陵江水的淹没和冲击，虽有部分损毁，但大部分保存下来。大雨使嘉陵江的水位上升时，遗址会被江水淹没，此时，江水代替码头，诉说着过去这里曾经发生的一切。

军营设施是当年钓鱼城守军的驻所，在钓鱼城中有多处。军营一般处于位置适中、交通便捷之处，一旦有军情，无论东西南北，部队可迅

图 9-10　钓鱼城王坚记功碑现状

速集结并准确反应。不过，元军占领钓鱼城后，成片的营房被焚毁，如今只留下残基依稀可寻。20 世纪 80 年代，国家拨专款在遗址上平整了校场，修复了部分营房，还在营房里开辟了钓鱼城之战的展厅，今人得以对钓鱼城之战有相对深入的了解。

为了纪念和颂扬钓鱼城军民英勇抗击蒙古军队的丰功伟绩，后人在钓鱼城中修建了王坚记功碑、"独钓中原"牌坊和忠义祠。

王坚是当年守护钓鱼城的主将。正是在他的指挥下，南宋军民击退了蒙古大军的多次进攻，使蒙古大汗蒙哥与蒙古骁将汪德臣等命殒城下，创造了中外战争史上的奇迹。王坚因功被南宋授予宁远军节度使，进封开国伯。没有被南宋蒙古大军打败的王坚，后来却为权臣贾似道所忌，被贬为和州（今安徽和县）知州，于景定五年（1264）卒于任上。

钓鱼城军民没有忘记王坚的功绩。王坚的继任者张珏担任合州知州时，在钓鱼城中的一块巨石上镌刻了王坚的事迹。镌刻时间目前难以准确断定，但可以肯定是在 1272 年至 1276 年之间。元军占领钓鱼城后，

图 9-11　钓鱼城"独钓中原"牌坊

对这一歌颂击毙大汗蒙哥的记功文字自然不能容忍。他们让工匠将王坚记功碑改凿成"千手观音"雕像。开凿"千手观音"的工匠可能有感于王坚的忠勇与功绩，有意留下了一些重要的字迹。今天，这尊"千手观音"神龛两侧，还能看到残存着的一些文字："汉……跨开达……不……逆丑元主。王公坚以鱼台一柱支半壁……签……"文字褒扬了王坚以钓鱼城"一柱""支撑了南宋半壁河山"的不朽功绩。如今的王坚记功碑虽被破坏得很严重，但其意义非凡。它歌颂了钓鱼城守将王坚英勇抗敌并一举击毙大汗蒙哥的辉煌战绩。因此，王坚记功碑号称"宋元战争第一记功碑"。

"独钓中原"牌坊是建在钓鱼城中护国寺前的一座石牌坊，牌坊为四柱三间三楼，高9米，宽8米。这种牌坊在中国很多地方都有，"独

图 9-12 钓鱼城忠义祠

钓中原"牌坊因其独特的含义，受到的关注度历来不低。此牌坊始建于明神宗万历四十六年（1618），是合川地方官府和当地民众为纪念钓鱼城之战而建。牌坊明间二层匾额阴刻"独钓中原"四个大字，为明代进士李作舟所书。短短四字，言简意赅，寓意丰富而深刻，歌颂了当年王坚率领钓鱼城军民临危不惧，抗击比自己强大数倍的蒙古大军。钓鱼城之战牵制住了蒙古大军的南进，使中原地区广大百姓免遭涂炭，更是"钓"住了南宋尚未坍塌的一角江山，延续了南宋国祚二十多年。从这个意义上来说，并不那么高大的"独钓中原"牌坊，值得世人仰视。可惜的是，原牌坊曾被毁，现立于钓鱼城博物馆门前的"独钓中原"牌坊，是 1986 年依据老照片重建的。

忠义祠始建于明弘治七年（1494），屡建屡毁，现在所见的建筑为光绪十八年（1892）所建，是钓鱼城重要的古建筑。该祠由正厅、耳房和左右厢房组成。走进院内，首先看到一株百年以上的古榕树，古朴苍劲。忠义祠正堂在"忠义千秋"的牌匾之下，陈列着钓鱼城守将余玠、冉琎、冉璞、王坚、张珏的长生牌位，红烛斑驳。忠义祠正堂的左室供奉着王立、李德辉、熊耳夫人三人的长生牌位。王立为继张珏之后的钓鱼城守将，在宋室倾覆后，仍然率军与元军英勇奋战，后经权衡，在获得了元朝保全全城

图9-13　钓鱼城陈毅题刻

百姓等承诺后，开城投降。钓鱼城坚持抗击蒙元36年，至此画上了句号。王立与李德辉、熊耳夫人的活城之功，"丹心云表"。

钓鱼城沿途石壁上存留着大量摩崖石刻，其中绝大多数是对钓鱼城之战的赞誉。这些石刻的作者包括文天祥、刘克庄、杨慎、陈毅、郭沫若、周谷城、张爱萍、刘白羽、蒋介石、何应钦、张治中、孙元良等。陈毅元帅摩崖石刻上的诗句"钓鱼城何处？遥望一高原。壮烈英雄气，千秋尚凛然"感人心肺。

硝烟散尽，遗迹犹存，民族团结已经成为全国各族人民的共识。凭吊怀古之际，我们知道，历史选择在川渝这么一个不知名的山头上留下一个重重的注脚绝非偶然。作为历史拐点的钓鱼城之战，仍有我们可以继续追索的空间。

专题叙事

血溅佛堂：施剑翘刺杀孙传芳的案中案

文 | 专栏作家　金满楼

张中行先生曾在《故园人影》一书中写道：1935 年深秋的某一天下午，他由西南角上有轨电车东行，车到南门附近时，看见街北居士林门外围着很多人看热闹。第二天看报，知道就在那时候，下台大军阀孙传芳到居士林念佛，被施剑翘用手枪打死了。张先生或许没有想到，他这次可是错过了一个大新闻。刺杀案发生当天，《新天津报》发号外，以《孙传芳被刺死，施小姐报父仇》为题报道了此事。第二天，《新天津报》更以号外《居士林内昨日骇人惨案：施从滨有女复仇，孙传芳佛堂毙

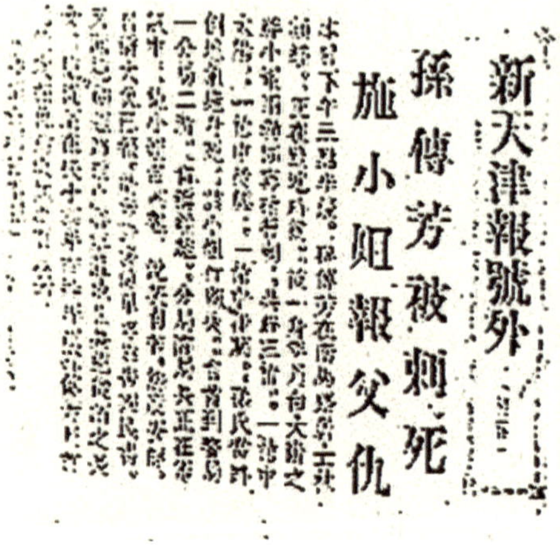

新天津報號外

孫傳芳被刺死

施小姐報父仇

图 10-1　《新天津报》号外在孙传芳被刺当日发出的报道

命》为标题详细介绍了此事的情况。之后，天津、北平和上海各报均以头号字标题刊载了这一消息，全国为之轰动。

一颗人头引发的血案

曾经威震东南的"五省联帅"孙传芳居然在众目睽睽之下被人开枪打死，这在当时自不是小事。而更让人吃惊的是，刺杀孙传芳的不是什么身怀绝技的侠客、杀手或手段毒辣的军统特务之类，而是一位名不见经传的家庭妇女，并且是孙传芳所创居士林的女居士。

那么，这位女居士究竟与孙传芳有着什么样的仇怨，竟然要在佛门清净之地对居士林的创办人下此重手呢？

这事还得从孙传芳说起。孙传芳，字馨远，山东历城人，生于1885年，其家世代务农，家境贫寒。孙传芳年少之时，其胞姐被当时在袁世凯武卫右军任执法营务处总办的王英楷收为小妾。后来孙母因家贫无计，携孙传芳前往依附，但王英楷称其姐系金钱购来，孙家不配与他讲亲谊而将孙氏母子拒之门外。后经人转圜，王英楷才勉强将孙传芳收为马弁。时间长了，王英楷觉得这"小舅子"还算聪明，于是让他陪自己的儿子读书，不久又送他到北洋陆军速成学堂学习。后来，孙传芳以官费留学日本士官学校。

图10-2　身穿军装的孙传芳像

孙传芳回国后，老姐夫王英楷已不在人世，于是他便转而投靠湖北督军王占元，进而由参谋逐步提为营长、团长、旅长等职。1921年湘鄂战争后，湖北督军王占元被曹锟、吴佩孚的直系势力挤走，因孙传芳所部在作战中表现出色，吴佩孚对他很是赏识，于是让他接任第二师师长、长江上游总司令。

1922年，孙传芳奉曹、吴之命率军从湖北经江西入闽，次年任福建军务督理。两年后，江浙战争爆发，孙传芳率军攻入浙江并迫使卢永祥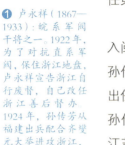下野，孙传芳本人出任闽浙巡阅使兼浙江军务督理。1925年奉军南下后，孙传芳组织东南五省联军向张宗昌部发动进攻并夺得江苏地盘，由此成为雄踞东南的大军阀，人称"五省联帅"。

可惜的是，孙传芳做"五省联帅"没多久，北伐军便由广东横扫大江南北，孙传芳很快地盘尽失，率残部逃到山东，依附张宗昌。在蒋介石宣告下野、北伐军陷入混乱之时，孙传芳一度偷袭南京，并与北伐军血战于龙潭，但功亏一篑，所部几无生还。

势力尽失后，孙传芳栖身天津租界，不再抛头露面。1933年，曾任国务总理并同样隐居天津的靳云鹏见其心绪烦乱，无所适从，劝他皈依佛门。不久，孙传芳听从靳云鹏的劝导，投入佛门，法号"智圆"。不仅如此，孙传芳还与靳云鹏共同出面，修葺天津东南城角草厂庵的清修禅院并改名为"居士林"，靳云鹏任林长，孙传芳任副林长，并规定每星期日居士们来居士林念经，由富明法师主讲。由于靳云

❶ 卢永祥（1867—1933）：皖系军阀干将之一。1922年，为了对抗直系军阀，保住浙江地盘，卢永祥宣告浙江自行废督，自己改任浙江善后督办。1924年，孙传芳从福建出兵配合齐燮元大举进攻浙江，加之卢永祥军内部发生兵变，结果浙沪军大败，卢永祥被迫逃往日本。

图10-3　皈依佛门后的孙传芳在天津家中院内打坐

图 10-4　天津居士林旧址

鹏、孙传芳两位人物曾经显赫一时，居士林吸引了很多信徒。最多时，前来参加诵经活动的居士达到 3000 多人。

然而，两年时间不到，一向安静的居士林殿堂中突然传出了几声枪响，大名鼎鼎的孙传芳中弹倒地，登时毙命。这下可真把静坐诵经的众居士们吓坏了。

在行刺成功后，这位名叫施剑翘的女刺客并未逃走，而是对周围的人大声说道："各位朋友不要怕，孙传芳是我打死的！我是为父亲报仇，一人做事一人当，不会连累大家！"说完，施剑翘从包里掏出一大把早已准备好的油印传单发给周围的人，其中详细说明了她刺杀孙传芳的前因后果。

原来，在 1925 年，张作霖令奉军大举南下，孙传芳则率东南五省联军抵御。两军交战，相互厮杀，难免有人战死、有人被俘，这原本司空见惯，但孙传芳当时做了件出格的事，那就是将山东军务帮办兼奉系第二军军长施从滨处死。

施从滨是北洋旧人，其胞弟施从云在清末曾为冯玉祥密友并一起发动过"滦州兵变"❶，后因事败而被杀，也算是为革命而捐躯的先烈了。本来嘛，军阀间在北洋时期打来打去，将领被俘也是常有之事。一般情况下，大都罚酒三杯，战后放回了事。但这次，也不知道孙传芳怎么想的，他居然下令将施从滨斩首。

注意，施从滨不是以当时通常的方式被枪决，而是用古代的刑罚斩首，孙传芳还下令将施从滨的首级悬挂在安徽蚌埠车站示众，这事做得实在有些过头了。

弱女子的复仇记

施从滨的死讯传来后，嗣女施剑翘悲愤不已，立誓为父报仇。施剑翘的生父原是施从云，在施从云被杀后自动过继给施从滨。施剑翘曾赋诗一首，以示此仇必报：

战地惊鸿传噩耗，闺中疑假复疑真。
背娘偷问归来使，恳叔潜移劫后身。
被俘牺牲无公理，暴尸悬首灭人伦。
痛亲谁识儿心苦，誓报父仇不顾身！

但是，施剑翘只是一个弱女子，她要想向孙传芳这样的军阀枭雄复仇，显然是不现实的。最开始时，施剑翘把复仇的希望寄托在堂兄施中诚（当时也由施

❶ 滦州兵变：1911年12月31日，北方革命党人为响应武昌起义而发动的一次有组织、有纲领、有明确目标的重要革命事件。主要领导人有王金铭、施从云、冯玉祥等人，兵变后成立了滦州北方军政府。

图 10-5　施从滨像

从滨收养）身上。但当时施中诚在军中职位很低，而且是家中长子，整个家族的责任都寄托在他的身上，让他冒险一试不甚妥当。此外，军人出身的施中诚并不主张暗杀，而是希望在战场上手刃仇敌，因此，他对施剑翘的想法不置可否。施剑翘一怒之下，一度与之断绝了兄妹关系。

图 10-6　施剑翘与儿女的合影

此后，施剑翘结识了施中诚在保定军校的同学、时任阎锡山晋绥军谍报股长施靖公。施靖公开始对施剑翘表示同情，并答应帮她报仇雪恨，施剑翘便以身相许。但结婚以后，施靖公把之前的承诺忘得一干二净。当施剑翘提醒他时，他便不满地反驳说，现在已经有儿有女，何必为了陈年往事而冒大风险！

失望之余，施剑翘带着孩子离开山西，决心要亲自动手，了却自己多年的心愿。这时孙传芳已经下野，就住在天津租界。于是，施剑翘赶到天津，并到处探询孙传芳的消息。无巧不成书的是，施剑翘的孩子和孙传芳的孩子在同一所学校就读，施剑翘由此得知了孙传芳的具体行踪。1935 年 10 月，施剑翘取名"董慧"并假扮女居士潜入居士林，准备伺机刺杀孙传芳。

1935 年 11 月 13 日，这一天是讲经日，孙传芳一般会到居士林来诵经。不巧的是，这天突然下起了大雨，施剑翘以为孙传芳不会来，于是没有带枪。不料过了一会儿，孙传芳突然赶来，施剑翘急忙回家拿枪赶回居士林，然后就有了以上刺杀的一幕。

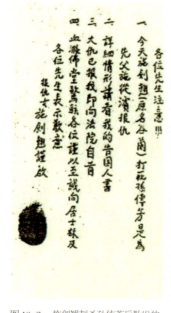

图 10-7　施剑翘刺杀孙传芳后散发的传单

当然，以上说法基本上来自施剑翘当场散发的传单《告国人书》。施剑翘还准备了一份"说明书"，其中云："各位先生注意：一、今天施剑翘（原名谷兰）打死孙传芳，是为先父施从滨报仇。二、详细情形看我的《告国人书》。三、大仇已报，我即向法院自首。四、血溅佛堂，惊骇各位，谨以至诚向居士林及各位先生表示歉意。报仇女施剑翘谨启。"在其背面，还印有两首自作的古诗，借以言志。

凶案发生后，天津警察局巡警很快赶到并将施剑翘带走。与此同时，警员也勘验了刺杀案的现场。据记载，当时孙传芳的尸身头朝北脚朝南，外罩青袍，内穿蓝绸棉袍、灰青棉裤袄、蓝条绒衬裤褂，系白布腰带，脚穿白洋袜青缎鞋，中弹三处：一处由后脑勺穿入，子弹卧于右眉角；一处由右额下穿入，从左太阳穴透出；一处由左后背穿入，从胸前透出。

张达骧，前清高官张之万之孙，他曾听大姐张坤厚说，居士林礼佛听讲时，主讲人富明法师坐在正中座上讲经说法，男女居士则东西分坐，靳云鹏坐在男居士首座，女居士行列之首为孙传芳。案发当日，张坤厚与施剑翘坐在同一排跪墩上，为女居士行列的第二排。当时，施剑翘的座位紧对着孙传芳的背后。据张坤厚所说，当时大家都在聚精会神地听讲，施剑翘突然从衣袋里掏出手枪照准孙传芳的脑后打了一枪，孙传芳即负痛站起，施剑翘又射一枪，孙传芳即倒地毙命。

张达骧口述时因年代已久，且系转述，其中难免讹误，如后文将施从滨说成施从云的弟弟（实为兄长），再如开枪两次也与通常说的三枪有异；此外，由于事发突然，居士们都在认真听讲，且张坤厚自述与施剑翘坐在同排，所谓目击开枪行刺过程，亦恐加入了想象的成分。但不管怎么说，施剑翘行刺成功，而且甘愿接受法律的审判，这确实体现了一种敢于担当的气魄。

为父报仇的道德与法律之争

1935 年 11 月 21 日，也就是刺杀案发生后的第八天，天津地方法院首次开庭，公开审理此案。庭中，公诉人以"蓄意持枪罪"和"杀人罪"两项罪名起诉施剑翘。

庭审过程中，施剑翘的辩护律师胡学骞、余棨昌与公诉人及孙传芳家人聘请的律师团队展开了针锋相对的辩论。辩论焦点也是公众及舆论最关心的问题：施剑翘为父复仇，在道德上是否具有正当性，在法律上又能否站得住脚？

儒家经典《春秋公羊传》中说："父不受诛，子复仇可也。父受诛，子不可复仇。"这句话的意思是，倘若父辈死于国家法度，则子女不能复仇；若不是，则子女可以复仇。以此判断，当年施从滨被孙传芳以斩刑处死，非受于法，施剑翘为父报仇，其情可悯。施家的辩护律师余棨昌更是在法庭上表示，虽然道德中的"孝"与现行中的"法"有不尽相同的地方，但所谓"百善孝为先"，法律虽不鼓励杀人，也不应掩其孝烈。因此，法官在审判中应"权其势、恕其情"，给予恰当的同情与宽恕；而依法而言，也应援引《中华民国刑法》第五十九条，酌情予以减刑。

对此说法，孙家的律师团队不予认同，其理由是：当年施从滨的被俘与死亡系战争行为，不能等同于普通时期；而且，施从滨的死经过了司法审判，并非随意杀俘。此外，法院审判应遵循现行法律，所谓"以孝行报私仇"的理念已站不住脚。

由于没有找到原始档案文件，所谓"施从滨曾经过军法审判"的说法目前只能存疑，而孙家律师团队也只是援引媒体当年报道称"施从滨死刑，孙传芳判处"的说法而已。不过，在多年以后，曾任五省联军总参谋的杨文恺曾回忆：施从滨被俘后，经前敌总指挥卢香亭问明身份后押解到蚌埠，后交军法处长陈锡璋审讯，施从滨直认不讳，孙传芳决定立即斩决。当时杨文恺劝孙传芳冷静考虑，因为打内战不宜杀戮俘虏，即便要杀，也不必操之过急，但孙传芳不听，施从滨遂于当晚在车站南边的旷野被施斩刑，身首分两处掩埋。

除了军法审判一说外，孙家的律师团队还延请昔日五省联军的主将之一卢香亭现身说法，后者在天津英租界召开了一个新闻发布会，告诉记者：在当年的某次战役中，他从一个目睹了施从滨死亡的部将那里听到，施从滨的死只不过是那个混乱年代里在战场上发生的一例普通伤亡而已。作为一个军属家庭，在战场上失去父亲是一件再正常不过的事，因此很难说施剑翘有什么"仇"，更谈不上什么"报"了。卢香亭特别

图 10-8 1936 年《生活月报》评论施剑翘刺杀孙传芳一事

指出，施从滨其实和孙传芳一样，在战争中同样导致了许多无辜平民的死亡。

军人死于战场并不稀奇，不过作为个例，施从滨的死却不太寻常。道理很简单，后者并非死于战场，他是被俘的高级将官，官居军长，位列上将，且年近六旬，是北洋系内老资格的军人。要知道，处死对方被俘的高级将领，这在北洋系内战中绝无仅有，何况是动用古时才有的斩刑呢？

有个说法，说孙传芳与奉系交战时，张宗昌将属下白俄铁甲兵团交与施从滨指挥，而这些人生地不熟的白俄雇佣军对当地百姓极为残酷，曾多次洗劫村庄、伤害平民，引起了民愤。施从滨显然对此要负领导责任。此外，在两军交战最激烈时，施从滨率军撤至固镇（津浦铁路上的一个小镇）后，派出白俄军打败了孙传芳手下倪朝荣先头部队。据说，白俄兵曾将俘获的联军官兵绑在树上凌辱处死（疑为相互报复）。而在这时，五省联军的上官云相部已暗渡宿州，并绕至固镇以北，切断了施从滨军的退路。

在此情况下，孙传芳部联军再次向固镇发起猛烈攻击，白俄军被彻底打垮，施从滨亦不敢恋战。但当他乘坐铁甲车驶到固镇桥头时，桥面上已挤满了逃命的人群。为了保住自己性命，施从滨下令铁甲车夺桥而过，以致成百上千的官兵被铁甲车碰撞、挤压或因此坠入河中，造成重大伤亡。然而，因为前路铁轨已被上官云相部拆毁，施从滨乘坐的铁甲车最终倾倒路旁，施从滨与随从人员全部被俘。据报道，固镇一役，"双方死亡枕藉，尸体遍野，惨不忍睹"。这大概就是施从滨被斩杀的背景吧？

此外，孙家的律师团队还特别强调，施从滨的死是战争伤亡的一部分，不能构成任何报仇的理由。其逻辑非常简单，如果认同施剑翘可以报父仇，那在20世纪战争中死去的所有人的家人都有权为他们的亲人报仇，如此以往，伊于胡底？

从减刑之争到特赦放人

　　除道德与法律之争外，另一个争论焦点是自首问题。施方认为，施剑翘刺杀孙传芳后并未逃走，而是让居士林内的居士去为她报警，这符合自首情节，应获得减刑。

　　对此，孙家律师则针锋相对地指出：按《中华民国刑法》，自首情节必须在罪行被发现之前实施才有效，施剑翘虽然委托居士报案，但后者并未为其报案，而巡警很快发现了她的罪行。因此，施剑翘并不符合自首情节。

　　1935年12月16日，天津地方法院对施剑翘刺杀孙传芳一案进行宣判，判决施剑翘杀人罪成立，并处有期徒刑十年。判决书中，法庭认可了施剑翘的自首情节，同时认为其杀人动机"纯为孝思冲激"，但并未因道德与舆论因素而影响判决结果。对此，施剑翘方与公诉方均表示不服，提出上诉。

　　此后，河北省高等法院经过三次开庭辩论，最终于1936年2月11日正式宣判："原判决撤销，施剑翘杀人，处有期徒刑七年。勃朗宁手枪一支，子弹三粒，均没收。"根据高等法院的解释，施剑翘为父报仇"情可悯恕"，故减至最低之刑；但原判所认定的自首是错误的。对此，施剑翘仍表示不服而向最高法院提出上诉。与此同时，孙传芳家人亦对复勘减刑非常不满而要求

图10-9　施剑翘像

检查官提出上诉。

1936 年 8 月 1 日，南京最高法院做出判决：驳回上诉。判决书中，最高法院法官明确指出：一、无论施从滨本人是否罪大恶极，其以战俘身份被孙传芳残忍处死，确实未经公正审判，缺乏程序正义，故可构成针对施剑翘的同情条件；二、"自首以犯罪未发觉为要件"，施剑翘没有逃走，但与自首并非一事。至此，施剑翘被判处七年徒刑即成定案。施剑翘亦于当年 9 月 9 日被移解至第三监狱服刑。

值得注意的是，为父报仇的施剑翘不但身手敏捷，其在法庭上的表现也给观审的民众与媒体留下了极为深刻的印象。据报道，施剑翘在法庭上神态自若，侃侃而谈，言至动情之处，声泪俱下，谈到复仇笃志，又慷慨激昂。如传单《告国人书》一样，施剑翘在法庭上同样编织了一个真诚的、道德的、英雄主义的神话，对舆论的导向起到了极为重要的作用。为此，同情她的评论家将之比拟为京剧名家谭鑫培❶，批评她的评论家则指责她擅于调动人们的传统道德习惯来操控公众的同情。

在庭审过程中，最戏剧性的一幕莫过于施剑翘与孙传芳长子孙家震在法庭上公开哀悼各自父亲的时刻，如上海《时报》即以"施女孙子，各悲父死，法庭相对痛哭一场""施小姐孙公子，大哭法庭"之类的标题加以连续报道，并由此吸引了大量读者。总体而言，尽管施剑翘赢得了舆论的普遍支持与极大同情，但各

❶ 谭鑫培（1847—1917）：清末著名京剧演员，主攻老生。谭鑫培被尊为京剧界鼻祖，所创唱法世称"谭派"，行内有"无腔不学谭"之说。施剑翘驾驭媒体的能力强，她的诗句感染力得到同情者的肯定，被认为可与谭鑫培的京剧感染力媲美。

级法院更关注法律而非道德，舆论虽盛，但对判决结果影响不大。

然而，正当关注本案的媒体渐趋沉寂之时，上海《申报》突然于1936年10月15日率先发布消息：

南京10月14日中央社电：国府十四日令：据司法院呈称"施剑翘以其父施从滨曩年为孙传芳所惨害，痛切父仇，乘机行刺，并即时坦然自首，听候惩处。论其杀人行为，固属触犯《刑法》，而以一女子发于孝思，奋身不顾，其志可哀，其情尤可原。现据各学校各民众团体纷请特赦，所有该施剑翘原处徒刑，拟请依法免其执行"等情。兹依《中华民国训政时期约法》第六十八条之规定，宣告将原判处有期徒刑七年之施剑翘，特予赦免，以示矜恤。此令。

特赦令系由国民政府主席林森签署，而所谓特赦，乃免其刑而不赦其罪。由此，正式服刑仅一个月的施剑翘即得以解脱牢狱之苦。毫无疑问，这一特赦系背后政治力量的作用而非媒体的助推，国民政府军事委

图10-10　施剑翘被特赦第二天，各大报纸争相报道，图为当时关于此事的报道

员会副委员长冯玉祥的大力援助尤为重要。冯玉祥与辛亥年遇难的施从云系革命故友，他提出的理由也有道理："从云为国殉难，其遗族应当予以特别优待。"之后，冯玉祥联络李烈钧、张继等数位国民党元老联名呈请政府明令特赦，想必蒋介石为了拉拢异己力量，也就乐得送个顺水人情，将施剑翘赦免了罢。

特赦之后及未解的谜团

南京国民政府成立以后，因行刺仇人而被特赦的案例虽然极少，但施剑翘案并非第一例。1932年郑继成刺杀张宗昌一案，其在案情经过及适用法律情况等诸多方面与施剑翘刺杀孙传芳案极为相似。

首先，两案都是为父报仇，其父均为仇人所杀，均为战俘；其次，两案的被刺杀对象都是国民革命军昔日北伐的讨伐对象，即所谓南京政府的"历史敌人"；再次，两案都引起了舆论的极大关注并获得了一边倒的支持；最后，尽管行刺人被判有罪，但都被国民政府加以特赦。

不可否认，刺杀曾与国民党作对的如张宗昌、孙传芳等旧军阀，这无疑与时政无妨，媒体的放开讨论也就畅通无阻。只是，政治问题归政治问题，道德问题归道德问题，从刺杀案到庭审与判决终究还是法律问题。就此而言，南京国民政府时期的司法作为与努力还算可圈可点，但随之而来的特赦更像一种法律之外的奖赏，其对司法体制的干涉几近于一种剥夺。

图10-11　重获自由后身着男装的施剑翘（左）

如司法院院长居正所言，党义具有独一无二的能力来调和法律与大众情感，如郑继成被特赦一案，公众相信刺杀行为绝不是犯罪而是对公共正义的最高表达，因为郑继成的孝心是一种美德，而张宗昌是个贪婪的卖国贼，死有余辜。然而，刺杀案毕竟是刺杀案，仍需要法律的评判与惩戒。由此，党义是弥合集体情感和法律条文两者之根本冲突的唯一手段，应该成为这个案子中的最后权威。换言之，特赦即党义高于法律并代表正义，也是弥合法律与群众分歧的最终手段。作为国民政府司法院院长，居正的看法显然与真正的法治精神有着不小的距离。

施剑翘被特赦后，刺杀孙传芳案算是尘埃落定。不过，此案中的一些疑点与谜团其实并未解决。在庭审当中，施剑翘虽然善于迎合媒体，但其身份、经历等仍有很多地方不甚清楚。比如她究竟是施从滨亲生女还是从施从云处过继而来的嗣女，她在何处接受的教育，其持有的军用手枪从何处而来，又是在何处学会的枪法，其传单在何处印刷等，这些问题都因为没有深究而至今含混不清。

图10-12　张宗昌像

从面相上看，施剑翘并非凶神恶煞之人，而她之前系缠足女子，后来虽经放足，但行动毕竟不能算敏捷；而且，刺杀孙传芳时三枪均命中要害，一般人不可能有此功夫并能如此镇定，何况施剑翘是一名未进行过特别军事训练的女子？从行刺本身而言，整个过程从开始到结束堪称完美，近乎一种事前排练过的表演，这在当时也引起了很多怀疑，其中或许也有他人作案而由施剑翘去顶包收场的可能？

事实上，顶包套路在民国年间并不罕见，如1925年徐树铮被刺时，即由陆承武

（其父陆建章被徐树铮所杀）出面顶包；1932 年张宗昌被刺时，郑继成虽然出面刺杀，但真正射杀张宗昌的系步枪子弹而非郑继成的手枪；1934 年《申报》馆主史量才遇刺后，同样有陶骏保后人报父仇的谣传。

徐树铮的被杀，背后当然是冯玉祥国民军的力量；而张宗昌的被杀，则是因为韩复榘反感其重返山东的企图；史量才的遇刺，事后证明是军统特务所为，所谓"陶骏保后人报父仇"之说本身就是特务们故意放出来的烟雾弹。

在孙传芳被刺案中，当时也有人认为是军统作案，甚至有流言认为施剑翘实际上就是一名军统局特务，她杀死孙传芳是奉命行事。《清华周刊》上的一篇文章指出，施剑翘被释放时，很快即被一辆政府的小车接走；而从南京支持她的电报及媒体的持续报道等事件也可看出，这更像是一个"猫鼠同眠"的游戏，所有的过程都是被安排好的，难怪施剑翘能够在庭审中如此镇定了。

和 1933 年张敬尧北平被刺及 1938 年唐绍仪上海遇刺案类似，孙传芳案似乎也有军统刺杀的嫌疑，而其中的一个重要特点是，被刺杀对象均有汉奸嫌疑（包括张宗昌）。据报道，在孙传芳被刺前数月，北方即有其重新出山的传言，而一些传单更是揭发孙传芳正与亲日派汉奸甚至与日本人密谋合作策划"华北自治运动"。尽管孙传芳本人曾出面否认，但类似的谣言依旧四下流传，真假难以判断。

此外，目前关于孙传芳遇刺案的叙述多依赖于施剑翘的自述，其故事编排虽然颇为圆满，但其中一些细节也很值得推敲。当时，施从滨在天津英租界十号路 166 号为妻子儿女们留下了一处寓所，以其对天津的了解程度，加上居士林与孙传芳名气在外，所谓各种刺杀准备的铺垫，如寻找孙传芳、加入居士林等其实不需要大费周章，但这些均被施剑翘绘声绘色地写入了传单。此外，尽管施剑翘在传单和庭审中将刺杀责任全部揽在自己身上，但在多年以后，她透露了一些不同寻常的细节，即其大弟施中杰、族弟施中达均参与其中，三人就刺杀行动的各个细节、可能发生的意外情况及应急措施、案发后的态度等都一一进行了详细周密的研究。

比如，行刺所用的勃朗宁手枪及六发子弹预先设计为谎称在太原一退伍军人手里购买，以避免案发后牵连别人；油印《告国人书》及说明要点，刺杀后投案自首，以期得到减刑和营救等，这些在事前均早有安排。如此看来，也不能排除施剑翘之弟行刺而由施剑翘顶包的可能。

不管怎么说，孙传芳终究被刺死了，施剑翘也被特赦了。此案发生后，居士们认为居士林是个凶杀之地，这个昔日车水马龙的佛门胜地从此冷冷清清。倒是孙传芳的佛门之友靳云鹏在《大公报》上撰文为之惋惜："馨远系余劝其学佛，平日作功夫甚为认真，诚心忏悔。除每遇星期一三五来诵经外，在家作功夫更勤，每日必三次拜佛，每次必行大拜二十四拜，

图10-13　1941年，施剑翘与施中诚夫妇合影

所以两年以来神色大变，与前判若两人。遭此惨变，殊出人意料之外，几使人改过无由，自新亦不可得……"言及至此，靳氏不觉拍案叹息："此风万不可长。……人非圣贤，谁能无过，要在知过改过。若努力改过犹遭不测，则无出路可想。"

不过，也有另一种说法，如 1935 年 11 月 15 日上海《民报》就此事所发的社评："世之假公济私、妄行诛戮者，今后宜以孙氏为鉴，要知怨仇不可轻结，一己利害关系之私仇尤不可结，否则嫌怨既修，无远近而不报。恶因之种，无久暂而不应，迨夫事后追悔，虽乞灵于神佛，以冀消释于无形，亦终无能为力矣。"

以此而论，则为告诫世人，任何事都不能做得太绝；做得太绝，则必有报应，即便如孙传芳一样投入佛门真心忏悔，也未必就有改过自新的机会。

专家视野

十月革命与苏俄式现代化道路
——肖瑜专访

采访者：贾凯月　孙洁

肖瑜，中山大学历史学院副教授，主要研究领域为俄国史、苏联史、冷战史、中东史、中国现当代政治外交史，在《中共党史研究》《世界历史》《西亚非洲》等学术期刊发表论文数篇。2016 年曾访学俄罗斯。

编者按：2017 年是俄国十月革命纪念 100 周年。十月革命可以说是世界现代史上的一个里程碑式的节点，在俄国历史上有着不可磨灭的地位。本次专访我们来到了百年学府——中

图 11-1　肖瑜在图拉的托尔斯泰庄园

山大学，有幸采访到了俄国史研究专家肖瑜老师。肖老师从十月革命讲起，着重从政治与经济两个方面阐述了苏式的现代化道路。

《中国国家历史》（以下简称"《中》"）：感谢肖老师接受我们的采访，请您先简单介绍一下十月革命的过程好吗？

肖瑜（以下简称"肖"）：我们都知道在第一次世界大战期间，俄国在前线连吃败仗，前线的失败加速了革命的进程。二月革命史的研究者几乎公认，俄历 1917 年 2 月 23 日（以下无特殊说明均用俄历）彼得格勒工人的罢工是这场革命的开端。这一天是国际妇女节，在首都的一些企业召开了纪念三八妇女节的小型集会或会议，开始了罢工和游行。工人队伍按习惯走向市中心涅瓦大街，喊出了"面包！""打倒战争！""打倒专制制度！"的口号。这一天，彼得格勒有 128000 名工人（占全市工人总数的 32%）参加了罢工。2 月 26 日是星期日，警察和部队在城里一些地区向游行者开枪。巴甫洛夫近卫团第四连的士兵拒绝执行镇压游行者的命令，带着 30 支步枪和不超过 100 发子弹走上街头，往涅瓦大街进发。在遇到一队骑警阻拦后，他们开了枪。弹药用完后，他们返回兵营并筑起路障。造反遭到镇压，19 名主谋被关进彼得堡罗要塞。局势在 2 月 27 日发生了具有决定意义的转折——沃伦斯基团教导队士兵为解救被关押的战友发动起义，随后驻扎在彼得格勒各处的几个近卫团的后备营士兵开始上街，同集会游行的工人站到了一起。当天傍晚，起义士兵已达 66700 人，几乎占了彼得格勒卫戍部队的 1/3。2 月 28 日，起义士兵已逾 12 万。士兵们同工厂工人一起，占领了兵工厂、海军部，夺取了彼得堡罗要塞并放出了刚被逮捕的沃伦斯基团士兵，又释放了被囚禁的政治犯。内务部和保安局被捣毁。沙皇政权的高级官员被逮捕。

《中》：军队为什么会带头造反，只是因为警察抓了士兵这件事情

图 11-2　二月革命中的工人游行队伍

而叛变？按道理说军队应该是沙皇政府的统治支柱才对。

　　肖：沙皇在圣彼得堡有 20 万驻军，一般来说，军队是要维护政权的存在，但这些军队为什么会带头造反，就要考虑这部分驻军的构成，他们相当一部分是从前线退下来的伤兵，治好了伤不愿去前线，还有一部分则是刚刚入伍的农民。这支军队的忠诚度极低，纪律性极差。沙皇把这样一支军队留在首都，这是他的失误之处。

　　《中》：俄国社会各派政治力量在二月革命中，扮演了什么样的角色？

　　肖：二月革命发生的这几天，俄国社会的政党都不知怎么办，没有任何一个政党领导。俄国资产阶级性质的党派，希望俄国废除沙皇专制制度，借鉴法国建立民主共和制，或者效仿英国实现君主立宪。社会主义党派包括孟什维克和布尔什维克，他们本质上都是信奉马克思主义的政党，其最高纲领都是实现共产主义。只不过他们的政党组织模式不同，孟什维克坚持以第二国际为建党模式，主张把愿意入党的人全部吸收进来，并认为党员并不需要高度集中化、组织化，只需"经常亲自协助党"就行了；布尔什维克则坚持民主集中制的建党原则，强调无产阶级专政；俄国本土的社会革命党则主张在俄国平均分配土地，该党在农民当中影响力较大。

　　直到1917年2月27日，各派政治力量才开始抓住二月革命的有利时机活动，实现自己的政治利益诉求。资产阶级党派成立了临时政府，社会主义党派成立了工兵代表苏维埃，这就是过去中学历史教科书上提到的"两个政权同时并存的局面"。临时政府成立之后，就派代表与沙皇谈判，沙皇也打算坐火车回圣彼得堡控制局面。但是，他的火车到了首都郊外的时候，工人把铁轨拆了，而且在列车前请愿，沙皇只好往后撤退，撤到鲁萨，那里有一支军队，北方战线总司令部在那里，他觉得到那里就安全。没想到北方战线总司令鲁兹斯基与首都的临时政府是有来往的，临时政府与鲁兹斯基交涉，让沙皇为俄国战争的失利负责，要求沙皇退位，让给其儿子——13岁的阿里克谢王子。沙皇思虑再三，决定将皇位让给自己的弟弟米哈伊尔大公。临时政府不但不买账，甚至强迫米哈伊尔大公发表声明称，如果革命胜利，则应在广泛的范围内召开立宪会议，如

图11-3　俄国的最后一位沙皇尼古拉二世（右二）与其家人的合影

果立宪会议要求保留君主制，则米哈伊尔大公当沙皇，否则就此退位。由于立宪会议在十月革命后被布尔什维克党镇压，因此，米哈伊尔大公的声明可以看作俄国君主制终结的一个标志。

沙皇退位后，临时政府颁布了很多法令，包括赋予人民自由、平等、集会、游行、出版、结社等权利，同时实行八小时工作制，提高工资等福利政策。对参与革命反抗的士兵和工人来说，和平、面包是最重要的，但临时政府无法满足他们这些基本需求。临时政府也在讨论是否应该继续战争。临时政府考虑到两个因素：一是俄与英法是盟国，不能出卖盟友；二是美国要参战了（美国当时已在备战中，于1917年4月参战），如果俄国继续留在战争中，或许有可能分享战后的胜利果实。出于这两方面的考虑，临时政府决定继续战争，但是老百姓不买账。为了转移国内矛盾，1917年7月1日，临时政府在前线向德奥发起一次大规模的进攻，十天后遭到惨败，这实际上加剧了国内的矛盾。

《中》：谈到十月革命，总是离不开列宁这个重要人物，您能讲一下列宁与十月革命的渊源吗？

肖：1898年成立的俄国社会民主工党❶，是第二国际的一部分。其中党内有一个派别就是列宁的"布尔什维克派"，一个是马尔托夫的"孟什维克派"，还有一个中派是"立陶宛、波兰和俄罗斯犹太工人总联盟"（崩得❷）。

孟什维克与布尔什维克这两个党内派别的区别是什

❶ 俄国社会民主工党：俄国的马克思主义工人政党，苏联共产党的前身。1898年3月，彼得堡、莫斯科、基辅等地的斗争协会和立陶宛、波兰和俄罗斯犹太工人总联盟在明斯克秘密举行俄国社会民主工党第一次代表大会，宣告俄国社会民主工党成立。

❷ 崩得："立陶宛、波兰和俄罗斯犹太工人总联盟"的简称，俄文译音，意即"联盟"。崩得分子要求承认崩得是犹太工人阶级唯一的代表，并根据联邦制原则来建党。他们一直支持孟什维克，反对布尔什维克，以民族文化自治的要求同布尔什维克的民族自决权的主张相对立。

么呢？在俄语中，布尔什维克是"多数派"，孟什维克是"少数派"的意思。这两者最大的差别是组织原则问题。在布尔什维克党成立之前，政党都是很松散的政治组织，成员来去自由。列宁领导的布尔什维克党不一样，它强调民主集中制，也就是说民主集中制是从列宁开始的。布尔什维克党入党条件也比较苛刻，先经过一年的考察期，到积极分子，再到预备党员，再面向党旗宣誓。

我个人认为列宁的思想有两个源头：一个是马克思主义，一个是民粹派。在马克思主义方面，列宁继承了马克思、恩格斯的辩证唯物主义和历史唯物主义思想，简单讲就是物质决定意识，经济基础决定上层建筑，社会存在决定社会意识，阶级斗争是社会发展的直接动力等。在民粹派方面，列宁充分借鉴和发扬了民粹派政党的组织严密性和纪律的严格性，以此作为组织原则，改造了俄国社会民主工党，以增强其凝聚力和感召力。对列宁思想有影响的俄国民粹派思想家有彼·拉·拉甫洛夫、米·亚·巴枯宁、彼·尼·特卡乔夫。拉甫洛夫主

图 11-4　列宁像

张号召民众，在民众中宣传搞革命；巴枯宁是无政府主义者；特卡乔夫的思想对列宁影响极大。特卡乔夫有几句名言："这少数人由于自己在智力和道德方面的较高的发展水平而始终拥有和理应拥有在智力和道德方面管辖大多数人的权力。""革命实际上由少数人进行，那么革命就应该靠权力进行。少数人只有掌握权力，才能强制多数。权力的巩固和

强大取决于它的组织的完善，而国家就是这样组织起来的最巩固和强大权力的最高形式。分散的权力则不利于革命。革命的近期目标是夺取政权，而且是依靠革命的少数派来夺取政权。"在特卡乔夫的影响下，一些激进的民粹主义革命者如热里亚鲍夫、佩罗夫斯卡娅等建立了民意党。民意党以暗杀为主要手段，其入党誓词与程序和共产党的很像。列宁与民意党的渊源在于，列宁的哥哥亚历山大·伊里奇是民意党的成员，他的哥哥参与刺杀了亚历山大二世，之后又参与刺杀亚历山大三世，被捕后遇害，死的时候才二十几岁。列宁与哥哥的感情从小就很好，他哥哥的革命热情深深感染了列宁，但这不等于列宁就完全认同他哥哥所在的民意党的一系列做法。列宁认为民意党的指导思想不正确，不能依靠刺杀来改变俄国，一定是要靠先进的理论指导，这个先进的理论在列宁看

图11-5　当时孟什维克的三位领导者，从左至右依次为帕维尔·阿克塞罗德、尤利乌斯·马尔托夫和亚历山大·马丁诺夫

来就是马克思主义。同时，列宁认为民意党的组织原则值得借鉴，即必须有一个强有力的政党领导革命。因此，列宁的布尔什维克党的入党仪式以及发展党员的方式受民意党的影响很大。

现在就出现这样一个问题，政党是需要政治活动的，而不管是党内还是党外，政治活动主要是选举。但在俄国社会民主工党党内，列宁的派别是少数，不占人数优势，在十月革命之前也只有两万多人。那为什么列宁的派别会叫"布尔什维克"即"多数派"呢？这得益于一次例外的选举，即在全俄社会民主工党的第二次代表大会的第 23 次会议上，由于部分反对列宁提议的人未参加表决，列宁的派别成为了唯一一次多数，这就是"布尔什维克"这个名称的由来。而与列宁相对立的"马尔托夫派"也就成为了所谓的"孟什维克"，也就是"少数派"。这两派在 1912 年以前并未公开分裂。1912 年，俄国社会民主工党第六次代表大会召开。在这次大会上，布尔什维克和孟什维克公开分裂，布尔什维克从此成为独立的马克思主义政党，十月革命后的 1918 年 3 月，在党的第七次代表大会上，根据列宁的提议，俄国社会民主工党（布）改名为"俄国共产党（布）"，简称"俄共（布）"。列宁的党与其他政党最主要的区别在于民主集中制。

《中》：您提到民主集中制是列宁的党与其他政党最不同的地方，具体体现在哪里？

肖：民主集中制的强大威力是在俄国三年国内战争（1918—1922）中得到强有力的体现。在十月革命中，列宁依靠不愿打仗的军队获得政权还是比较容易的，他在基层党组织中发展党员，建立党代表制度。三年战争期间，为什么白军❶的战斗力没有红军强，很大程度上是因为政治委员制度的存在。红军党对军队有绝对领导权，这是白军所不能匹敌的。

❶ 白军：苏联建国初期 1918 年至 1920 年的内战中反对苏俄的军队，主要由支持沙皇的保皇党、军国主义者、自由民主分子和温和社会主义者组成。

《中》：列宁与他的党派在二月革命中扮演了什么样的角色？

肖：二月革命发生时，列宁还处于被流放状态，在瑞士的苏黎世。他不知道革命的发生，他在给妹妹的信中写道："我这一天（1917年2月28日）过得很平静。"实际上，二月革命与布尔什维克党关系不大。布尔什维克党大部分重要领导人都在国外流放中，再加上通信的落后，列宁是3月15号在苏黎世的报纸上看到革命的消息。但是革命之后的工兵代表苏维埃中是有布尔什维克代表的，革命之后最先回到彼得堡的重要人物，一个是加米涅夫，一个是斯大林。他们回去之后决定支持临时政府，革命的首要任务是建立资产阶级共和国。马克思说无产阶级革命不可能在一个落后的国家取得成功，马克思强调的是经济基础决定上层建筑。列宁则提出殖民地半殖民地国家是发达国家工人阶级的天然盟友（资产阶级不仅剥削工人阶级，同时也剥削殖民地半殖民地国家），社会主义革命有可能在一个不发达国家取得成功，这是列宁与马克思不同的地方，也是列宁的一大贡献。

《中》：列宁的这一论断是在俄国什么样的局势下提出的？

肖：布尔什维克与孟什维克只是组织原则有所不同，1917年3月份的时候列宁给加米涅夫写信，说现在机会来了，我们要夺取政权。4月6号，列宁乔装打扮，回到了圣彼得堡❶。4月17号，列宁发表《四月提纲》，提出一个重要的观点：应变帝国主义战争为国内战争，

❶ 有资料显示，这一批流亡国外的回国者是受到德国皇帝的资助，由德皇控制下的斯德哥尔摩侨民委员会资助他们回国从事革命活动，希望革命成功之后，俄国能退出战争，这样德国就能摆脱两线作战的被动局面，把东线对抗沙俄的军队调到西线来，集中兵力在美国参战之前击溃英法。可以说，列宁与德皇威廉二世之间达成了一定的默契。

革命的第一阶段是资产阶级革命，目的是建立一个资产阶级民主共和国，现在第一阶段已经取得了胜利，马上要进入第二阶段，即建立一个苏维埃国家，建立无产阶级专政。我们看电影《列宁在十月》，影片中列宁演讲结束，下面的群众就鼓掌，其实不然。实际情况是，当时在场的所有人都惊到了。不管是孟什维克还是布尔什维克党人都是马克思主义者，都信奉当时囿于时代局限所理解的"马克思主义"，认为革命不可能在一个落后的国家取得胜利。列宁的这一说法被认为是反马克思

图 11-6　加米涅夫像

主义，当时就有人说列宁"你这是热昏了说的胡话"。最后，布尔什维克党内部投票表决，13 票反对，2 票赞成，1 票弃权。

《中》：面对这么多人的反对，列宁是如何说服大家的？

肖：列宁不愧是 20 世纪著名演说家之一。他到党的基层中去，走到士兵、工人中去，不断做演讲，他不讲马克思主义基本原理，只讲如果革命成功，就会有面包与和平，这赢得了基层群众的支持。后来召开了党的扩大会议，列宁把各党小组的负责人全部召集起来再投票，勉强获得了多数，有一部分人出于对列宁的失望，离开了布尔什维克党，投向孟什维克党。列宁说过，"要把坚持原有观点的人送进'古董保管库''老布尔什维克保管库'"，也就是说他要重新建立一个真正的列宁主义政党，这也就是列宁主义对马克思主义的进一步发展与补充。

孟什维克分为马尔托夫的国际派和普列汉诺夫的统一派，国际派认为不能违背马克思主义的基本原则。无论是德国还是英法等国的老百姓

图 11-7   演讲中的列宁

都不愿意打仗，我们等他们，他们先发动起义，我们响应。统一派则认为俄国现在生产力落后，社会主义革命的时机不成熟，主张俄国沿着资产阶级宪政的方向发展。布尔什维克主张要发挥主观能动性，夺取政权。到了八九月份，临时政府的资产阶级议员已经不占多数，基本都是孟什维克、社会革命党人和无党派人士。但是对于革命，党内还没有形成一致的意见，一些工人与士兵等不及了，他们又自发地发动了一次暴动，想要结束战争，但是布尔什维克党没有抓住这次机会。这之后，布尔什维克党转入地下。临时政府觉得事态紧张，临时政府的总理就给前线的司令科尔尼洛夫发电报，希望他带兵回"京"平叛。科尔尼洛夫野心更大，他带兵回来是想推翻临时政府自己做沙皇。没想到的是，前线回来的士兵很快就倒向了革命者一方，科尔尼洛夫后来也被逮捕处死。但是布尔什维克党内部仍然在讨论要不要起义，列宁最后说服大家，但仍然有党的高层不同意。列宁在《真理报》上发表文章说要发动武装起义，加米涅夫第二天就在《新生活报》上说不同意发动起义。也就是说，共产党要发动武装起义并不是什么秘密。

《中》：为什么列宁对发动起义那么有信心？

肖：因为前线士兵都不愿意打仗，临时政府以及其他党派都坚持继续战斗，只有布尔什维克坚持不打仗。1917年10月25日（11月7日）那天，"阿芙乐尔号"巡洋舰一声炮响，革命很容易就取得了胜利，这场革命造成的损失是死6人，伤50人。这其实就是一次相对和平的夺权。当天晚上，召开大会，托洛斯基在会上宣布，我们已经夺得政权。为了武装起义，连口号都修改了，之前列宁不赞成平均分配土地，他主张革命胜利之后，土地全部收归国有，但是老百姓想要平均分配土地。平均分配土地是社会革命党的口号，列宁曾谴责过，但现在也赞成了这一口号。革命胜利后政权交给工人委员会管理，这赢得了工人的支持。为了赢得广大士兵的支持，列宁主张退出战争。为了赢得少数民族的支持，

图11-8　"阿芙乐尔号"巡洋舰

❶ 沙俄国内有很多少数民族，他们一旦独立，临时政府的力量就会被削弱，乌克兰、白俄罗斯就是在十月革命前后独立的。

他不再谴责联邦制，各个民族都可以按照民族自决的原则处理本民族事务❶，同时支持乌克兰独立。

列宁为了获得更多人的支持，坚持召开立宪会议，认为这是赢得民心之举。没想到的是，社会革命党人居然以压倒性的多数当选。为什么会出现这种情况呢？这是因为布尔什维克党在 1917 年革命之前只有 2 万多党员，而社会革命党在农村做了那么多年的工作，号召平均分配土地，再加上俄国 80% 以上都是农民，因此，无论在人数还是在影响力上布尔什维克党肯定不如社会革命党。于是列宁马上宣布立宪会议非法，调动军队，用武力驱散了立宪会议。这个会议发生在 1918 年 1 月 6 日（1 月 17 日），布尔什维党从革命民主主义走向了公开的执政，这就是十月革命的基本过程。

紧随其后就是俄国三年的国内革命战争。内战初期，布尔什维克党列宁所能控制的只是圣彼得堡到莫斯科很小一部分领土，然而得到列宁主义思想武装的红军用三年时间横扫了整个俄国，收复了失去的绝大部分领土，这不得不说是一个奇迹。

❷ 当时在柏林有类似的布尔什维克党，如德国社会民主党中的斯巴达克团，列宁希望它能够在整个德国掀起工人起义。

1920 年，波兰向苏维埃俄国发动进攻，苏波战争爆发。后来，苏联红军打到华沙城下，列宁非常高兴。他向往着苏军只要拿下华沙，就能直捣柏林，使得德国苏维埃化❷。这样，革命的重心就从俄国转移到德国，也就可以说革命不是在落后国家取得了成功，而是在发达国家取得了成功。但是，红军在华沙城下惨败。共产主义势力不得不退回了苏俄境内。

图 11-9　苏波战争中，在华沙附近抵抗苏联人的波兰军队

《中》：十月革命给俄国一个全新的局面，苏俄是如何走上现代化道路的？

肖：在三年国内战争期间，列宁为了保障战争的胜利，实行战时共产主义政策，余粮收集制，优先保障前线工人和士兵的供给。但是这对俄国农民的积极性打击很大，生产力遭到了极大的破坏。1921 年，曾经最忠诚于布尔什维克党的喀琅施塔得水兵发动叛乱，就与战时共产主义政策有很大的关系。随后列宁召开俄共（布）第十次代表大会，提出取消余粮收集制，代之以新经济政策，用粮食税代替余粮收集制，鼓励外国资本家前来苏俄办厂。在新经济政策下，兴起了一批个体户。列宁的新经济政策也出现了一些问题，如销售危机。销售危机实际上就是生产过剩的危机，商品经济时代不可避免会遇到这个问题，销售危机很大程度上是农业品与工业品的剪刀差造成的。农产品相对工业品而言价格过低，农民购买力不足，买不起工业品，造成工业品滞销，社会再生产无法进行。对于这个问题，西方国家的普遍做法是由政府出面对工业课税，补贴给农产品种植者，使得农产品生产者有利可图，这样工业和农业就可以均衡发展。

在列宁去世之后，苏联党内针对销售危机进行了广泛的讨论。经济学家普列奥布拉任斯基提出社会主义原始积累理论，把工业叫作"宗主国"，农业叫作"殖民地"，社会主义工业发展，就是要靠工业剥削掠夺农业，不断地剥夺小农经济，使之成为集体经济的过程。外部资本主义世界随时想要扼杀俄国的无产阶级专政，强大是第一要义。苏联掠夺农业是为了发展重工业，发展国防工业、军工，随时准备打仗。

扩大工农业产品剪刀差，对农业进行课税，所获得的资金可以直接用以发展工业，但是这势必会引起农民不满，造成社会不稳定。后来斯

图 11-10 苏联的集体化农场

大林采取了全盘集体化的政策。把个体农民变成集体农民，采取行政命令的手段从集体农庄收取粮食。

《中》：苏联在农民之间是如何协调的？

肖：斯大林解决了这个问题，全盘集体化，把农民关进集体农庄，把个体农民变成国家农民，每年下指标交粮食。收上来的粮食，大部分运到国外换机器设备，搞重工业发展。经济发展是要付出代价的，这就是苏式现代化。尽管效率低下，但是也取得了伟大的成就，苏联一五计划，工业产值跃居欧洲第一世界第二。这种政策在苏联很多的有识之士看来，存在着极大的问题，苏联发展重工业是为了国家的工业化发展，让老百姓勒紧裤腰带，老百姓需要有崇高的理念来武装自己，用短期的牺牲换来长期的发展。

第二次世界大战以后，斯大林迫切地渴望融入西方社会，有意改变苏联畸形的发展模式。但是，冷战爆发，老百姓不得不再一次勒紧裤腰带适应备战。苏联军力越来越强大，但老百姓对国家越来越失望，体制上的问题并没有解决。到20世纪70年代仍然是这样，一直到20世纪90年代这根弦绷断了。苏联解体的根源要从这里找。

《中》：您觉得苏式现代化对当今时代有什么借鉴意义？

肖：西方国家的国家资本主义道路在很大程度上借鉴了苏联的计划经济体制。我们中国的改革开放也借鉴了西方国家的很多发展经验。东方借鉴西方，西方也在借鉴东方。

五千余年文明史，七百多万香港人

文 | 南京大学　胡阿祥　李昕垚

"小河弯弯向南流，流到香江去看一看，东方之珠，我的爱人，你的风采是否浪漫依然？……让海潮伴我来保佑你，请别忘记我永远不变黄色的脸！"创作于 20 世纪 90 年代的这首《东方之珠》，唱出了无数华人的家国情怀。香港这颗璀璨的明珠，历经五千多年的海风吹拂，沧海桑田，世事变迁，沉淀了深厚的文明土壤，而这一文明的主要创造者，正是香港地区迭经变迁的土著和成分多元的移民，他们扎根这片沃土，繁衍生息，推动着香港文明的形成、融合与传播。

图 12-1　充满现代化气息的香港

传统时代香港的土著与移民

　　香港地区的原始土著即最早的香港人是越人，考古材料充分证明了这一点。现已发现的香港地区新石器时代中晚期（约前3500—前1200）遗址有20多处，青铜时代（约前1200—前400）遗址有30多处；地面上的史前遗物，值得注意的是春秋战国时代的8处摩崖石刻。出土文物与石刻图案的研究表明：其时的香港先民浮家泛宅，以水为家，捕鱼为业，他们使用有肩有段石器、夔纹米字纹陶器、人面纹青铜短剑，崇拜能乘风飞越海洋又善于捕鱼的海鸟，这些都与广东大陆以至东南沿海一带的远古居民越人基本一致，属于同一文化系统。换言之，作为最古老的居民，越人创造了香港地区的史前文明。

　　公元前214年，秦始皇帝继统一中原后，征服岭南，香港地区从此纳入中原王朝或割据政权的有效管辖之下。大致说来，从秦始皇帝三十三年（前214）至东晋咸和六年（331），香港地区隶属番禺县；东晋咸和六年至唐至德二年（757）改属宝安县；757年，宝安县改为东莞县，香港于是又属东莞县；明万历元年（1573）新设新安县，由此

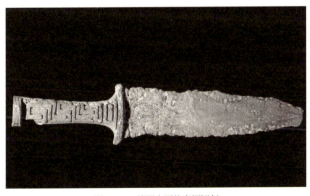

图12-2　战国人面纹青铜短剑

　　直至被英国割占、租借前，香港地区一直隶属新安县管辖。香港地区行政隶属关系的上述主要变动，也代表着在此期间香港人"籍贯"名称的迭次改换，即由番禺人而宝安人，而东莞人，而新安人。

　　伴随着香港人"籍贯"的迭次改换，香港人的民族成分也在发生着变化，这种变化的主要趋向，是中原汉人的持续迁入与土著越人的逐渐汉化。

　　就土著越人的汉化言，奠定其基础者当是秦朝发谪戍50万人至岭南，与越人杂居。秦二世时，南海尉任嚣与龙川令赵佗分析天下形势，已经认为番禺"负山险，阻南海，东西数千里，颇有中国人相辅……可以立国"。此后，中原汉文化对岭南的渗透不断深入。对1955年在九龙深水埗李郑屋村发现的东汉古墓的研究证明：受中原汉文化的影响，居住在此的越人已从简单的狩猎、捕捞和原始农耕，向早期农业经济迈进，农业生产技术与手工、建筑艺术已达到一个新的水平。

　　就中原汉人的迁入言，虽然较大规模的移民是从北宋后期才开始的，不过在此以前的千余年时间里，香港地区的汉人比例在不断加大中。例言之，东晋末年卢循起事失败后，余部向南退守，后来定居大屿山，至今大屿山仍有地名唤作"卢亭"；428年，"不知姓名"的杯渡禅师衣袖飘飘，乘木杯来到青山，宋人修寺以示纪念，由此有了"十里松杉藏古寺，百重云水绕青山"的新安八景之首——杯渡寺。又唐开元中置屯门军镇，兵额2000，辖地包括香港地区至大鹏湾等地，成为镇守华南海防的重要门户；南汉后主刘鋹强征士兵2000人（一说8000人），设媚川都，专事泅水采珠，媚川都两处采珠场之一即为大步海（今香港大埔海至大屿山一带海域）。及至北宋初年，在今九龙湾西北建海南盐场，取名"海南栅"；南宋初又设官富场，派盐官专管，有寨兵屯卫，该场盛时为广南东路所属十三大盐场之一。

图 12-3　位于香港屯门区的青山禅院（原名杯渡寺）

至于内地人民较大规模地迁居香港地区，约从宋代开始。如北宋崇宁年间（1102—1106），江西吉水人邓符考中进士，授阳春（今广东阳春县）县令，卸职后"卜居邑之锦田桂角山下，创力瀛书斋，以招徕学者……子孙世居锦田、龙跃头、屏山、竹村、厦村等处，至今推为望族"。至 19 世纪，邓氏不仅拥有新界的富庶地段，在大屿山也有不少田地，邓符创办的力瀛书斋则是香港地区已知最早的教育机构。

继邓氏之后，彭、侯、文、廖等族也相继迁入。先是北宋末年，彭氏宗族先祖彭延年之子孙先后在龙跃头、粉岭等处立围而居；约在同时期，"新界"侯氏宗族祖先侯五郎从番禺迁居东莞，继而入居"新界"上水地区，其子孙先后迁入河上乡、谷田、金钱、燕岗、吉田、丙岗等乡村。至南宋末年，文氏宗族先祖、文天祥之弟文天瑞迁居东莞，五世祖文荫于明初迁入"新界"屯门，继迁屏山、大埔、泰坑，另一支于明永乐年间自屯门迁新田。又元代末年，新界廖氏宗族先祖廖仲杰从福建迁东莞，初居屯门，后迁福田、双鱼境内，其子孙先后在上水乡、樟木头、富溪沙等地定居。

以上邓、彭、侯、文、廖五大宗族，作为较早迁入"新界"地区定居的汉人的代表，后来被并称为"新界五大族"。"新界五大族"及其他居民（如南宋末年从广西迁出、后居屯门的陶氏等）艰苦经营，发展教育，践行"一等人忠臣孝子，两件事读书耕田"的传家古训，促进了当地社会经济的繁荣与文化事业的发展，推动了地方宗族与中原文化的深度融合，迄今仍有较大的影响。

由于外来移民的持续增加，当明万历元年（1573）析置新安县时，今香港地区的人口密度已大致相当于广东全省的平均水平，即每平方千米约10人，全港著籍户数约2200户，男女约10000口（以新安县总户口数的30%计，下同）。万历十年（1582）时，户数增至2300有余，口数增至10300有余。而此后直到明朝末年，香港的人口数量都在继续

图12-4　位于香港新界的邓氏宗族祠堂

增长中，康熙《新安县志》卷三即说"人民向称辐凑矣"。

及至清朝，香港人口经历了一次过山车般的巨大起落。大落于顺治至康熙初年，而大起于此后的两百余年。

先是清顺治年间（1644—1661），受明清鼎革之际的战火、瘟疫和沿海地区匪乱的影响，香港人口的下降估计超过了一半；而接续的康熙元年至康熙三年（1662—1664）的"迁海"，复使香港受祸惨烈。所谓"迁海"，又称"迁界"，是清政府为了断绝沿海人民与台湾郑氏反清力量的联系而采取的极端措施，在此三年之内，连续颁布了三道迁海令。按照迁海令的规定，山东至广东沿海的居民全部内迁30里至50里，房屋悉数焚毁，土地全部废弃，沿海居民"片板不许下海"。迁海以后，三面环海的新安县人口急剧减少，康熙五年（1666）竟被撤县并地（并入东莞县）。香港地区，包括香港岛、九龙、"新界"都在迁徙之列，人口之丧失可想而知。迁海使得香港人民辗转流离，以致"各无栖址，死丧频闻"。

康熙八年（1669），在沿海人民的一再要求下，清政府同意了两广总督周有德、广东巡抚王来任乞请复界的建议，于是被迫迁界的当地人民大批回乡归业，并复置新安县。为了报答周、王两人的功德，"新界"上水一带的邓、彭、侯、文、廖五姓联合，在石

图 12-5　报德祠

湖墟兴建了报德祠，锦田父老百姓则在大沙洲前北围村建"周王二公书院"，以示纪念。

康熙二十二年（1683），台湾郑氏政权降清，清政府遂同意沿海地区全面展界复业；而为了加速恢复沿海经济，广东沿海各县还出台了诸多奖励移民招垦的政策。尤其是雍正初年，两广总督阿克敏将能否"劝垦"作为州县官升降的标准，于是衮衮诸公皆竭尽全力促成此事。具体到香港地区，来自广东和福建、江西等地的外来移民，也源源不断地大批迁入，罗香林先生《客家源流考》即指出："在今日香港、九龙、'新界'等沿海地区居住的客家人士，其最先成批移入的，也是因清初迁海复界而引至的……在康熙二十三年（1684）尽复旧界而招致各地农民前往垦殖的时候，江西、福建和广东惠、潮等地的客家便很多经由惠州、淡水而至沙鱼涌、盐田、大梅沙、西乡、南头、梅林，或更至沙头角、大埔澳、沙田、西贡、九龙城、官富场、筲箕湾、荃湾、元朗等地，从事开垦。"此外，政府还对反迁人士下诏嘉奖，开设军籍文武学额，后又增设客籍学额，使外来居民同样获得晋升的机会。这次移民潮持续了相当长时间，从康熙中期开始，历雍正朝和乾隆朝，直到嘉庆末年仍未已。至清朝中叶，至少已有李、钟、郑、邓、叶、文、胡、温、张、杨、黄、陈、罗、林、冯、吴、傅、苏、侯、蓝、丘、翁、刁、俞等二十多姓迁入今香港地区。

随着外来移民的大量迁入，香港地区的人口数量也在迅速增加。仍以香港地区占新安县人口的30%计，据嘉庆《新安县志》估算，雍正九年（1731）时全区有丁口2200左右，乾隆三十七年（1772）时增至9700，嘉庆二十三年（1818）时更达到14万人左右。在这14万人中，康熙初、中期复界回迁的原居民只占少数，绝大多数当是康熙后期以来由广东东部以及福建、江西等省迁入的外来移民及其后裔。再就人口密度言，香港总面积约1074平方千米，以此推算，每平方千米已达

130 余人，这样的人口密度已然不低，它为此后香港经济与文化的发展，奠定了坚实的基础。

殖民统治时代香港的人口状况

受殖民统治的香港，在中国"三千年未有之大变局"的历史洪流中，经受了欧风美雨的浸染洗礼、东洋西洋的交互影响，逐渐发展成为现代化的国际大都市；香港的人口状况也随之发生了重大变化，其中尤为突出者，是人口数量升至 1996 年的 621.8 万人，从而创造了现代人口发展史上的一个奇迹。

从 1841 年 1 月英军强行登陆香港岛，到 1899 年 6 月英国租借"新界"前，是近代香港作为转口港的初创与确立时期。在此期间，香港人

图 12-6　1895 年的香港皇后大道上人来人往

口大体平稳增长,而各年份在港华人的比例至少都在93.5%以上,见表1:

表1 1841—1898年香港人口统计

地域	年份	人口	
		总数	华人数
香港岛	1841	7450	
	1842		12361
	1844	19463	19009
	1846	21835	20449
	1853	39017	37536
	1856	71730	69251
	1860	94917	92441
香港岛、九龙	1861	119321	116335
	1866	115098	111482
	1872	121985	115564
	1876	139144	130168
	1881	160402	150690
	1886	181720	171209
	1891	224814	214320
	1896	239419	226710
	1898	254400	239210

注:1841年为5月统计数,其中英国人230人。

表1中最值得注意的是19世纪50年代人口的激增,即由1853年的3万余人增至1860年的9万余人,这主要是受两方面因素作用的结果。一是1848年以后,美国和澳洲先后发现金矿,中国大陆经由香港前往新、旧金山的人数每年均达数万,其中有小部分人滞留香港。二是太平天国期间,从广州等地来港的人数增多。及至1860年,港岛人口已达9.5万,香港已略具近代城市的雏形。

1898年6月英国租借"新界",接管工作则完成于1899年5月。"新界"的土地面积约11倍于港九,聚居在"新界"400多个村庄的人口大约10万，"新界"还拥有广阔的水域，这些都为香港的发展提供了重要条件。而以租借"新界"为标志，香港经济的确步入了一个新时期，到20世纪五六十年代，香港已逐步完成了从转口港向工业化的过渡，亚太地区以至国际性的金融中心、贸易中心、航运中心、旅游中心以及信息中心的地位，也在20世纪80年代初以来逐步形成。香港经济的这种迅速发展，使得中国香港与中国台湾、新加坡、韩国被并称为

图 12-7　20 世纪 60 年代的香港

亚洲"四小龙"。

伴随着 1898 年以后香港经济的迅速发展，香港人口总体而言也在同步扩增，两者互为因果。20 世纪香港各期人口数量见表 2：

表 2　1901—1991 年香港人口统计

年份	人口	年份	人口
1901	300660	1949	1857000
1906	329038	1950	2237000
1911	456739	1951	2015300
1916	528010	1952	2126000
1921	625166	1953	2242200
1926	710000	1956	2615000
1931	840473	1961	3129648
1936	988190	1966	3708920
1941	1639337	1971	3936630
1945	600000	1976	4402990
1946	1600000	1981	5109812
1947	1750000	1986	5495488
1948	1800000	1991	5674114

注：① 1911、1921、1931、1961、1971、1981、1991 年进行人口普查，1966、1976、1986 年进行中期小型普查。② 1911—1976 年人口普查不包括暂时离港居民。③ 1981、1986、1991 年普查数字包括暂时离港居民，分别为123252、99491、151833 人。

影响表 2 中人口数字较大变动的主要几次移民是：1938 年秋，日本侵略军发动广州战役，10 月下旬广州沦陷，在此前后，约有 75 万难民逃往香港，香港人口猛增至近 164 万；日占期间（1941 年 12 月 25 日至 1945 年 8 月 15 日），侵华日军为将香港作为其"南进战略"的重要枢纽，减轻城市管理压力，强迫遣散香港居民回乡，全港人口从 1941 年的 164 万锐减至 1945 年 8 月的 60 万；抗日战争胜利后居民回流，人口又猛增至 1946 年的 160 万；内地解放前夕，大量资金、设备以及技术与管理人才从上海、广州等地流入香港，至 1950 年，香港人口一度达到近 224 万。此后至 1981 年间，先是内地经济生活一度困难，继以"文化大革命"的混乱，再是改革开放后放宽出境限制，于是来自内地的移民高潮再度出现。上述几次大规模的移民，导致了香港人口数量呈现跳跃式的变动。

　　需要指出的是，1898 年以后近百年间香港人口急剧膨胀的另一重要因素，是人口的自然增长。香港自从开辟为自由港以来，工商业不断发展；第二次世界大战以后的经济起飞并向多元化迈进，更是提供了大量的投资与就业机会。有利的人口增殖条件与生存条件，为香港人口

图 12-8　20 世纪 80 年代的香港

的自然增长营造了适宜的环境。如1954—1960年，香港人口出生率在35‰至39‰之间，死亡率降到6.8‰，自然增长率高约30‰；此后自然增长率基本逐期下降，1961年为28.9‰，1966年为20‰，1971年为14.7‰，1976年为12.6‰，1981年为12‰，1986年为8.3‰，1991年为7‰。然而即便是7‰的自然增长率，其实也不低，若以人口基数为600万计算，则一年净增4.2万人，而部分抵消这一增长速度者，是20世纪80年代以来香港的迁出移民，其数量与迁入移民基本相当。

关于殖民统治时代末期香港的人口状况,尤其是其中的语言与民族构成,可以以1991年香港特区政府统计处公布的人口普查资料进行例析。

1991年3月15日普查日实际点算的居民数为5522281人（不包括过境旅客35823人，越南船民51847人以及暂时离港的居民151833人），其中香港出生者占59.8%（1931年为32.5%，1961年为47.7%），中国内地出生者占35.6%（1931年广东、澳门出生者占62.5%，中国其他省份1.8%；1961年分别为45.6%与4.9%），其他国家和地区出生者占4.6%（1931年为2.2%，1961年为1.8%），据知香港出生的居民已占六成。再从语言构成看，香港97%的人操汉语，具体情形见表3：

表3 1991年香港人口语言（汉语）构成

习惯使用的语言／方言	5岁及以上人口数	出生地		
		中国香港	中国其他地区	其他国家和地区
广东话	4583322	2907578	1598411	77333
闽语	99045	4801	90578	3666
客家话	84134	22466	57108	4560
潮州话	72812	9820	60233	2759

注：①"广东话"是汉语七大方言之一粤语的俗称，习惯使用者称广府人或广州人；"闽语"亦系汉语七大方言之一，习惯使用者称闽人或福建人；说"客

家话"者为客家人；"潮州话"属闽南方言的一种次方言，习惯使用者称福佬。广府、客家、福佬为广东三大民系。"四邑话"属粤语方言，以台山话为代表。"四邑"指广东省台山、开平、恩平、新会四县，为著名侨乡。②1991年香港5岁及以上年龄段的人口总数为5168909人。

　　表3反映出香港与内地东南沿海广东、福建等省密切的地缘、人缘关系，有力证明了回归祖国前香港人的主体是华人，而这些华人大部分原籍广东省，且以广州及香港本地、澳门及邻近地区为最多，其次是潮州人及四邑人；外省人中，福建人最多，其余则来自江浙沿海地区和中国其他省份。

　　除了华人以外，香港也有不少外籍人。据1990年统计，香港居民中的外籍人共245700人，其中以菲律宾人最多（68700人），其余依次为美国人（21000人）、英国人（17600人，不含军人）、印度人（17500人）、

图12-9　1997年7月1日，彭定康和查尔斯王子登上英国皇家游艇离开香港

泰国人（14800 人）、加拿大人（13500 人）、澳大利亚人（12600 人）、日本人（12600 人）、马来西亚人（11900 人）、葡萄牙人（9100 人），其他国家和地区 4600 多人。

回归以来香港人口的变迁

1997 年 7 月 1 日凌晨，英国皇家游轮"维多利亚号"载着查尔斯王子与末代港督彭定康，消失在夜色苍茫的南海，五星红旗飘扬在金紫荆广场的上空，香港的殖民统治历史就此告终。维多利亚港上空那璀璨绽放的焰火，就像千百年来聚散于此的人们，来来往往，循环往复，共同见证了香港的沧桑，也将继续创造香港更加美好的未来。

香港回归祖国 20 年来，人口变迁呈现出若干新特点，试以香港特区政府统计处在 2016 年 6 月至 8 月进行的中期人口统计数据进行分析。一方面，人口数量持续稳定增长，由 1997 年的 620 余万增至 2016 年的 733 万；人口增速有所下降，"前 5 年内平均每年增长率"由 1996 年的 1.8% 降至 2016 年的 0.7%。另一方面，香港人口老龄化步伐开始持续加快，65 岁及以上人口所占人口比例，由 2006 年的约 12%，升至 2016 年的约 16%。这 10 年间的升幅与之前 20 年的升幅相近（由 1986 年的约 8% 升至 2006 年的约 12%）。香港人口的老龄化问题，既是因为社会经济持续稳定发展，也是由于战后婴儿潮出生的人口陆续进入老年，这都促使人口老龄化的趋势不断显著。

与此同时，华人占香港人口的比重略有下降，由 2006 年的 95% 降至 2016 年的 92%，这既显示出香港与内地联系的增强，也反映了香港社会经济全球化的进一步深入。又在居港的非华人中，以菲律宾人及印度尼西亚人居多，由 2006 年的 2.9% 增至 2016 年的 4.6%，这体现出香港作为世界级的金融中心对东南亚等国家的辐射带动作用持续增强。

　　香港回归以来社会发展的主要特征之一，是与内地的交流和联系日益密切，这从惯用语言比例的变化中即可见一斑。在香港 5 岁及以上年龄段的近 705 万人中，惯用语言为普通话的比例由 2006 年的 0.9% 增至 2016 年的近 2%，广东话的比例由 2006 年的 90.8% 降至 2016 年的 88.9%，其他汉语方言比例则由 2006 年的 4.4% 降至 2016 年的 3.1%。换言之，使用普通话的香港人在不断增多，香港人对内地的认同也在日益加强。此外，随着经济全球化的深入发展，使用英语的比例也由 2006 年的 2.8% 增至 2016 年的 4.3%。普通话与英语在香港共同发展，华人与外籍人在香港并肩打拼，本土文化与外来文化在香港有机融合，如此等等，也是回归祖国 20 年来香港人口变迁的真实写照。

图 12-10　狮子山见证了香港的发展壮大

　　人，是香港最宝贵的资源。在漫长的传统时代，迭经变迁的土著居民与成分复杂的外来移民相互融合，共同书写了香港地区 5000 多年不间断的文明史。受殖民统治时，绝大多数的香港人仍是来源复杂的华人，他们靠着坚韧的奋斗与不懈的努力，不仅创造了香港的人口奇迹，而且与在港的外籍人士一起，共同创造了香港的经济奇迹，不仅促成了香港经济社会的高度发展，而且塑造了香港多元、开放、包容的城市精神。回归祖国至今，与内地交流的不断加深与广泛拓展，既使香港的本土文化具备更加坚实的根基和更加深厚的底蕴，全球化进程的进一步深入，又使香港的外来文化呈现更加多元的面貌和更加开放的姿态。也许不同文化的冲击也曾让香港人有过认同危机，有过身份迷茫，但亘古不变的，是那团结奋斗、和衷共济、守望相助、包容和谐的狮子山精神，历久弥新的，是一次次唱响的《狮子山下》"我们大家，用艰辛努力写下那，不朽香江名句"……

《中国国家历史》征稿启事

　　《中国国家历史》是由人民东方出版传媒有限公司（东方出版社）公开出版发行的大众通俗历史读物。《中国国家历史》将"以中国视野，讲述全时空历史"作为创办宗旨，立足于为历史爱好者提供既广泛又深入的历史知识，努力创造出有深度、有广度、有厚度的历史解读方式，带给读者一种全新的阅读体验。

一、稿件内容

　　（一）我们的读者群以大众历史爱好者为主，故我们希望作者在选题方向上能够有如下侧重：

　　1.阐释国内外主流媒体头条新闻或社会热点的历史渊源；

　　2.在确凿实证的基础上，拓展历史叙事的新视野，挑战新论断；

　　3.条分缕析、层层深入、逻辑严密地探索某一历史真相；

　　4.用适当研究步骤和科学研究方法，提出新问题，并给予初步解答；

　　5.对中国大众尚不熟知的国内外重大历史领域进行史学新探索；

　　6.能将当代史学新动态与大众兴趣相结合。

　　除上述文章之外，我们接纳一切具有新意和创见的好作品。

　　（二）在文字叙述上：

　　1.我们希望作品以事实为依据，合理想象，还原真实的历史场景；

　　2.运用移情、细节描写等方法，刻画出栩栩如生、特征鲜明的历史人物形象；

3.叙事通俗易懂、深入浅出、视角新颖，能贴近大众史学阅读水平。

虽然上述标准做起来很难，需要较长时间的写作实践，但我们愿意与作者共同努力，通过编辑与作者的互动，通过"《中国国家历史》创意写作高级研修班"这个平台，通过读者的反馈，逐步建立起这一风格。

二、规范要求

文章篇幅 4000—7000 字为宜。能为文章提供高品质的精美图片，以图叙事、以图证史的文章亦十分欢迎。

为规范排版，请作者在发送稿件时注意以下信息：①文章末尾应加注作者姓名、工作单位、主要研究方向、代表作品、通信地址、联系方式等个人信息；学术论文应有题名、作者姓名、工作单位（名称，所处地区邮编）等内容；基金项目则应标注作者姓名、出生年月、性别、籍贯、职称、学位、研究方向及项目名称和编号。②文内插图及表格下方应注明序号和图（表）名，插图须标明出处。③列出的参考文献一般应限于作者直接阅读过的、发表在正式出版物上的文献。其他相关注释可用脚注在当页标注。参考文献的著录应执行国家标准GB7714-87的规定，采用顺序编码制。④但凡引用他人成果的，必须加以说明。

稿件处理流程：投稿及初审—专家评审—修稿或退稿—会审修改稿件—采用后签订版权转让协议书—编辑加工—发表。

投稿时，请将稿件（Word格式）发送到我们的邮箱：zggjls@126.com。来稿一经采用即行通知，稿件寄出三个月后未收到采用通知者，请自行处理。凡来稿请作者自留底稿，恕不退稿。

同时，本刊奉行多样化、包容性的办刊风格，对于具有较高质量的其他风格的稿件，也会妥慎择优录用。

三、稿酬

来稿一旦采用，均支付稿酬，根据稿件质量，一般每千字 100—300 元。如所发论文有较大社会反响，将给作者另付奖励稿酬。

凡博览群书、慎思明辨、长于写作的历史爱好者，凡有志于向公众传播历史知识的史学从业者、学生，凡学有余力，愿将自己所想与大众交流的史学方家，皆为我们渴望并欢迎的史学作品源泉。《中国国家历史》将继续坚持"以中国视野，讲述全时空历史"的办刊宗旨，将继续坚持趣味、人文、学术及理性的办刊原则，欢迎一切历史联系现实、人文兼顾理性、叙事创新与学术创新相结合的稿件。我们将着力发现、培养和扶植一批新人新作，同时也欢迎在人文社会科学某些领域有深刻造诣、善于与公众沟通交流的专业人士投稿并以专题形式组稿。

若有其志，还望不吝赐稿。

《中国国家历史》编辑部